帝国航路を往く：イギリス植民地と近代日本

木畑洋一

帝國航路

從幕末到帝國，日本走向世界的開化之路

木畑洋一　廖敏淑 審訂　蔡傳宜 譯

目錄

序章 《西洋道中膝栗毛》與帝國航路 9

第一章 帝國航路與英國殖民地 23

一 帝國航路之旅 25

帝國航路／船客面面觀

二 沿途殖民地速寫 32

廣闊的英國殖民地／上海／香港／新加坡／檳城／加爾・可倫坡（錫蘭，今斯里蘭卡）／亞丁／紅海／蘇伊士運河／賽得港・開羅・亞歷山大港

第二章 幕末動亂中——一八六〇年代 67

一 尋找日本未來之旅 69

自由貿易帝國主義的年代／幕末日本派出的人們／觀察者與緊閉雙眼者

二 與歐洲文明的相遇 76

歐風事物／蘇伊士鐵路

三　歐洲與亞洲的落差　79
對照般的住家／臭味與「不潔」
四　對殖民地化的警戒與日本的未來　84
福澤諭吉與帝國航路／「東方中的歐洲」之志
專欄一　漢詩中吟詠的帝國航路　94

第三章　目標建設明治國家——一八七〇～八〇年代　99
一　帝國世界形成階段中的旅行　101
帝國世界形成階段的世界／近代國家日本的摸索
二　歐洲文明與殖民地統治——久米邦武與中江兆民　106
以久米邦武為例／以中江兆民為例
三　優勝劣敗的世界觀　116
野蠻的亞洲／被統治的亞洲
四　日本自立的摸索　122
日本的未來／拜訪阿拉比

專欄二 中國人眼中的帝國航路 132

第四章 成為殖民統治帝國——一九八〇年代～第一次世界大戰 137

一 帝國世界高峰期的旅行 139
帝國世界的完成／大量成長的日本旅行者／帝國世界完成期的亞洲與日本

二 擴張的日本國力與英國殖民地的日本人 150
日本國力擴張面面觀／問題的「唐行女」

三 看待亞洲民眾的目光 158
「亡國之民」的相貌／「不可輕視中國人」

四 與歐洲的競爭以及殖民地統治政策 166
與歐洲競爭的日本形象／殖民統治模式的摸索

五 第一次世界大戰期間的帝國航路 176
戰火下的帝國航路／大英帝國的動搖／日本的前途

專欄三 長眠於香港、新加坡的唐行女們 191

第五章　挑戰歐洲——一九二〇～三〇年代　195
一　帝國世界重建期之旅　197
帝國世界的危機和重建／多樣化的旅人／皇太子之旅／走向第二次世界大戰之道與帝國航路
二　對抗歐洲的日本　211
日本的存在感／亞洲「解放」之夢？／排日浪潮的實感／一九三〇年代的停靠港
三　關於殖民地統治　228
大英帝國觀的動搖／對英國殖民地統治政策的思索／亞洲民眾形象的相剋
專欄四　日美・日英交換船　246
結語　帝國航路與亞洲・歐洲　251
戰敗國民之旅／去殖民化的風潮中／帝國航路與近代日本的軌跡
參考書目　269
後記　285

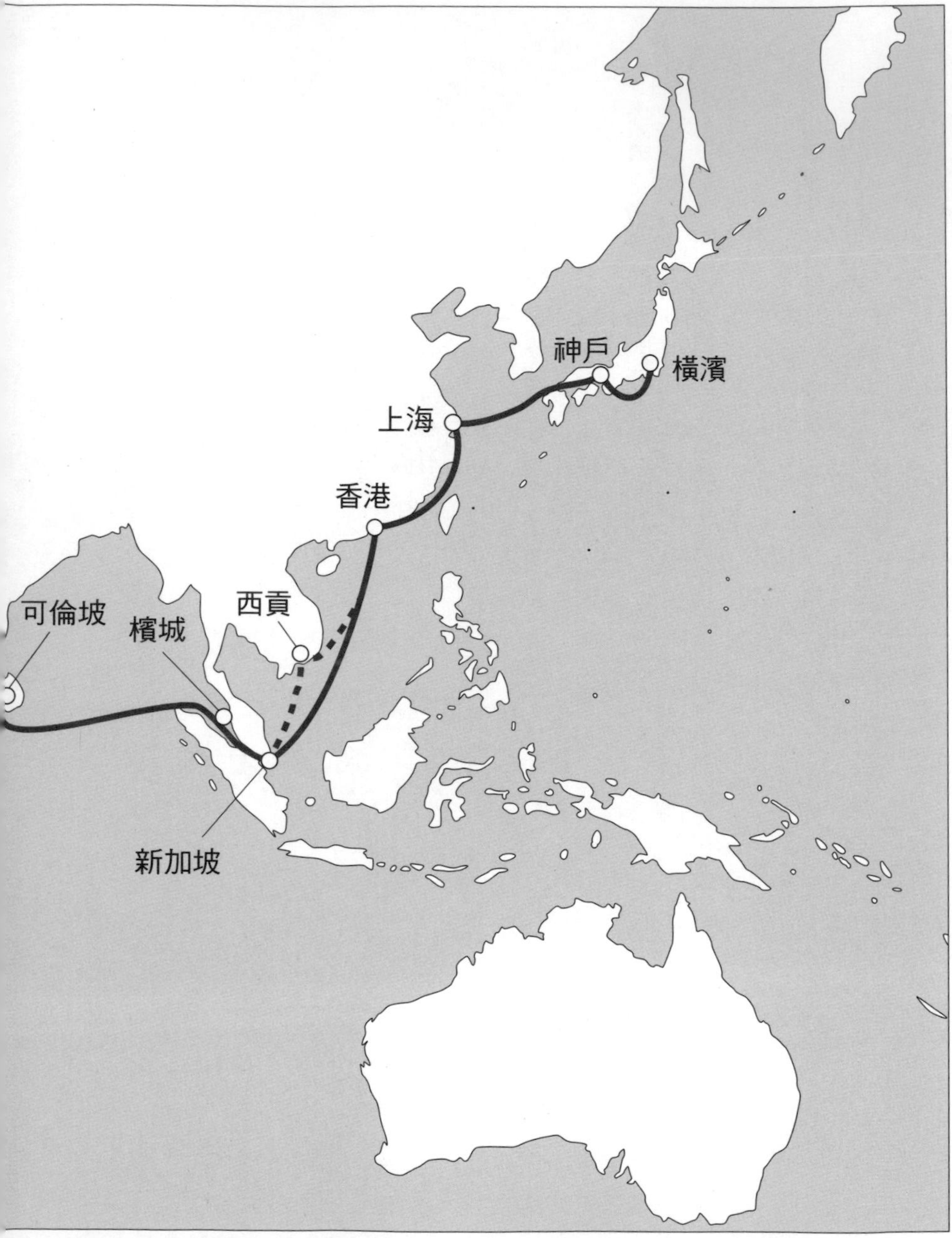
神戶
橫濱
上海
香港
西貢
可倫坡
檳城
新加坡

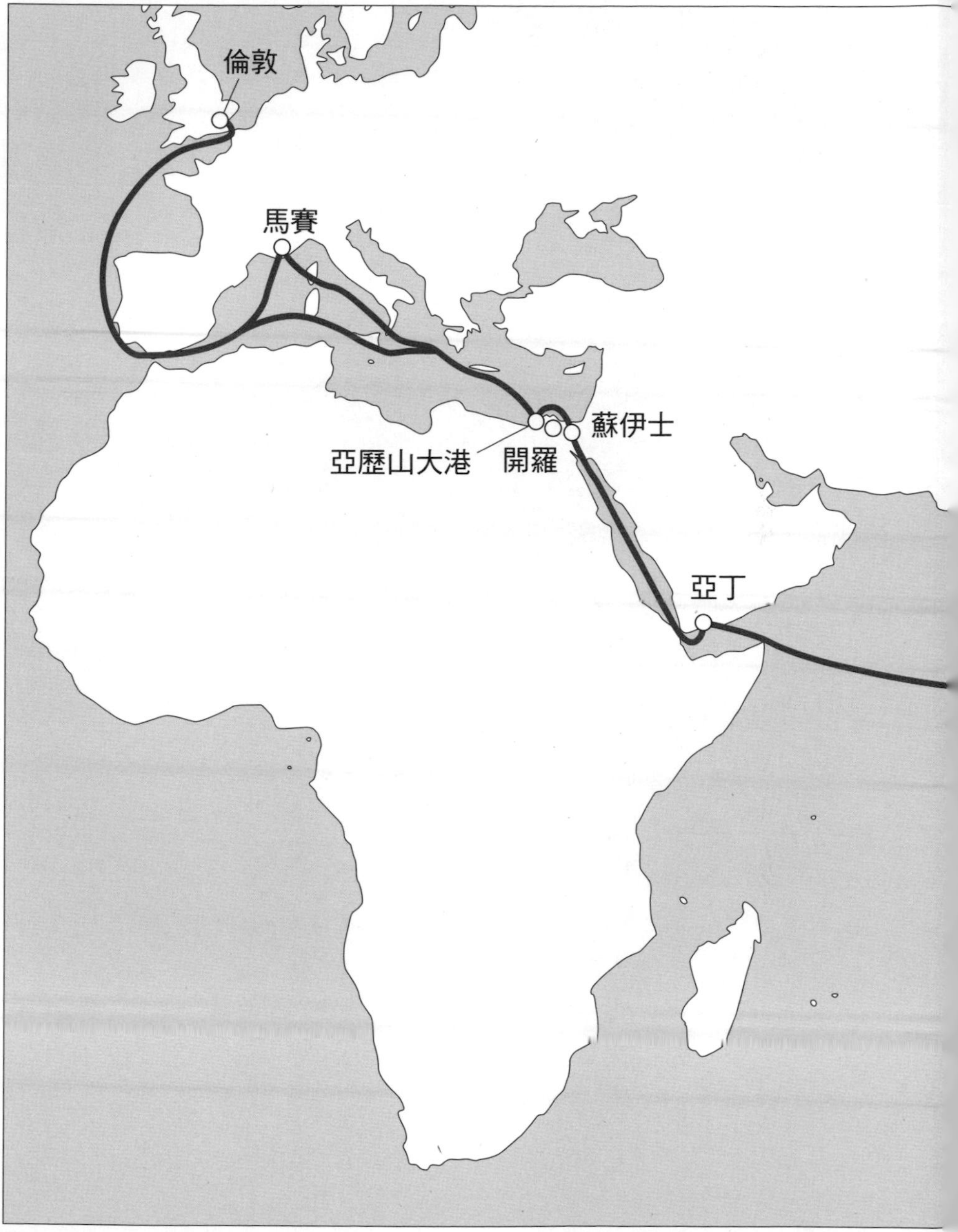

圖 1　帝國航路地圖（作者製作）

序章
《西洋道中膝栗毛》*與帝國航路

說到彌次喜多，便是十九世紀初期十返舍一九所著，受到極大歡迎的《東海道中膝栗毛》兩位主角。這部滑稽本†描寫住在江戶神田八丁堀的彌次郎兵衛與喜多八，為了厄年消災決心前往伊勢神宮參拜，踏上東海道展開旅程，一路上不斷發生有關酒或女性等等的各種失敗。兩人行為舉止使人發噱，又能引發讀者對東海道沿途的想像，因此擁有廣大的讀者群。這本書從一八〇二年持續出刊到一八一四年。約七十年後，一八七〇年（明治三年）到

＊　譯注：江戶時代後期著名的通俗小說。膝栗毛指以腳代馬，衍生為徒步旅行之意。
†　譯注：流行於江戶後期的通俗小說，取材自町人日常生活，內容滑稽戲謔而多對話。

七六年（明治九年）間，名為《西洋道中膝栗毛》共十五編三十冊的作品出版，再次獲得世間好評。作者是仮名垣魯文，其執筆至第十一篇，第十二篇起由友人總生寛（別稱七杉子）代筆[1]。

這部作品主角是彌次郎兵衛三世與北八（喜多八），故事背景則是兩人跟著橫濱富商大腹屋廣藏，途經下列各地，到達遙遠的倫敦參觀萬國博覽會。

橫濱　上海　香港　西貢（今胡志明市）　新加坡　檳城　加爾（錫蘭，今斯里蘭卡）　亞丁　蘇伊士　開羅　亞歷山大港　馬爾他　直布羅陀　南安普敦　倫敦（萬國博覽會）

如同東海道上的元祖彌次喜多，這趟航程所到之處，兩人不斷上演失敗的戲碼。比如在新加坡，他們想偷摘田裡的西瓜而被人發現，被人五花大綁。入夜後要割斷繩子時遇上老虎，雖然慌張中仍成功脫困，但那被看成老虎的其實只是穿著相似花紋的同船船員莫迪爾。在錫蘭的港口城市加爾，彌次郎與口譯通次郎在當地民眾帶領下參觀佛教遺跡時，沒有同行

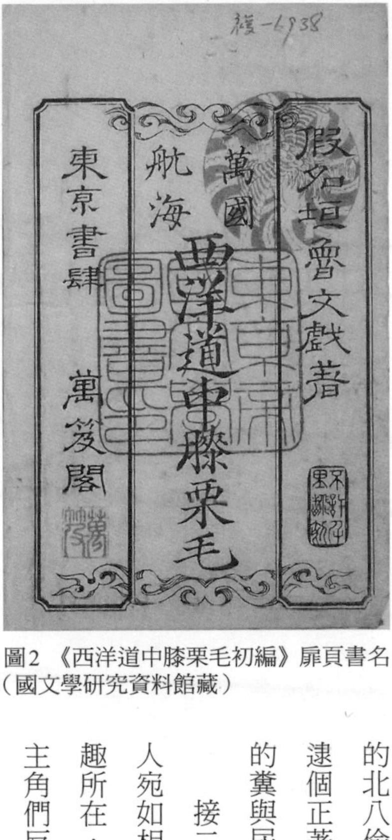

圖2　《西洋道中膝栗毛初編》扉頁書名（國文學研究資料館藏）

的北八偷吃民家佛壇前的麵包被逮個正著。而那麵包，是以高僧的糞與尿液製成

接二連三的意外事件，及兩人宛如相聲的大量對話是閱讀樂趣所在，但值得留意的是，這些主角們反覆上演鬧劇的土地，除了法國殖民的西貢外，皆是英國殖民地或影響力極強的地區。

日本通常稱此航道為歐洲航路，但英國方面有時亦稱之為帝國航路（empire route），指的是英國與印度間的航路（route to India）。印度是大英帝國最重要的殖民地，從英國到印度的路線被視為帝國交通的中心要道而受重視。本書將此路線延伸至新加坡、香港、上海，

1　仮名垣魯文，一九五八。

圖3　《西洋道中膝栗毛四編》新加坡（舊漢字新嘉坡）府（國文學研究資料館藏）

並與日本相連的航路作為全體，稱之為帝國航路。附帶一提，橫井勝彥把它叫做東洋航路，或印度．中國航路[2]。

《西洋道中膝栗毛》簡單介紹了航路上的各停靠港口，以香港為例，介紹如下：「長五里，寬三里，僅有岩山，草木少，無平地。原為支那領地，因近年為英吉利所領，漸有英人移居，設市場，建寺院，興學校，人口亦逐漸增加，成為繁盛之港。」雖然引起讀者興趣的不過是彌次與北八的失敗談，但透過閱讀《膝栗毛》，也能得到對各停靠港的粗略認識。

只是，不管是作者仮名垣魯文還是總生寬，都沒有經由帝國航路出航歐洲的經驗。他們能寫出這部作品，是仰賴介紹航路上各地方的既存指南。作者在《膝栗毛》第四篇開頭便寫道，由於自己不懂外文，書中描述主要根據《西洋旅行指南》，情節構思則是以友人砂燕子的航海日記為基礎。這位砂燕子，即是曾前往一八六七年（慶應三年）巴黎萬國博覽會的富田砂筵。《西洋旅行指南》則為福澤諭吉的著作，同樣在六七年出版。例如作者在《膝栗毛》中以風土不佳，草木稀少，人口萬餘人來介紹亞丁，並在其後說明這是引自《西洋旅行指南》，而介紹文字也確實吻合該書記敘。但作者接下來又根據《新刻輿地誌略》（內田正雄與西村茂樹編纂的世界地理誌書）補充，亞丁由於位於紅海要衝而興盛，人口已達四萬，並表示福澤著作出版已經將近十年，應知在此期間各地持續開化而人口成長，已與從前不同。從說明中，能窺見作者盡可能添入新情報的努力。

日本人開始以帝國航路前往歐洲，是在《膝栗毛》出版前不久的一八六〇年代，到了

2 橫井勝彥，二〇〇四。

《膝栗毛》出版的明治初期，航路的狀況在日本已相當為人所知。在此後大約百年，直到人們改搭飛機旅行為止的期間，帝國航路仍是前往歐洲的主要途徑。當然，這並非赴歐洲的唯一路線，也可選擇橫渡太平洋登陸美國，再從美國東岸跨越大西洋到歐洲。如明治初年的岩倉使節團便採取這條路線赴歐，歸途才以帝國航路返日。一九〇五年西伯利亞鐵路通車後，又增加了搭乘火車橫越歐亞大陸前往歐洲的選項。

一九〇八年朝日新聞社主辦的旅行，在企劃時引起了關於這三條路線的討論。最初的行程方案採最普遍的歐洲航路，也就是帝國航路出發，以英國為旅遊中心，回程搭乘西伯利亞鐵路。對此方案的反對意見大致如下：「此行程不但得通過無趣至極又炎熱的地區，還得花上六十天才能到達倫敦，怎麼說都太荒唐。那些無聊又酷熱的地方，當作開眼界的話也許尚可忍耐，但要耗上兩個月，去一個搭西伯利亞鐵路只要二十天就能到的地方，則是讓人不能忍受。」第二方案以西伯利亞鐵路往返，則被認為或許是環遊歐洲最好的方式，但車程共十二天的西伯利亞蒸汽火車之旅既不新奇、也不有趣，還要重複搭兩次實在稱不上明智，而遭到反對。最後這個行程聽從了不如乾脆單程經由美國「大繞世界一圈比較好」的意見，以去程經由美國，歸途搭乘西伯利亞鐵路的方式定案[3]。

另一方面，根據第一次世界大戰剛結束時便前往歐洲視察的記者山田毅一遊記，當時經由美國的路線因距離較近，愈來愈受歡迎。然而，由於赴歐人數大幅增加，因此有著無法確保從美國出發的艙房，不得不暫時滯留美國，最後費用高漲的風險。相對地，帝國航路雖費時「卻具備能躺著到倫敦，並可在旅途中訪問不同城市的優點。」[4]

帝國航路確實是耗費時間穿越炎熱地域的路線。但透過這條路線，前往歐洲的近代日本旅行者們直接接觸在英國或法國殖民統治下的地區狀況，對歐洲與亞洲的關係產生各種感慨，尋思日本在世界的地位或日本的將來。他們嘗試比較日本和日本以外的亞洲地區、摸索日本在亞洲中的位置。

當然，並非所有的旅行者都能深入觀察停靠港，組織思考。一九一二年，為了與身在巴黎的丈夫與謝野鐵幹會合，而搭上西伯利亞鐵路的詩人與謝野晶子，回程選擇帝國航路獨自歸國。但在身體狀況欠佳下，航程幾乎都在艙室的床上度過，因此雖對航程留下了相當的描

3　石川周行，一九九一，頁五四—五五。
4　山田毅一，一九二〇，頁一六。

寫，對停靠港卻幾乎隻字未提[5]。

且對多數人來說，歐洲才是旅行的目的地，航程所經之處不過是附帶。其中的確也有重視航路上的見聞者，如一九三八年赴歐的作家野上彌生子：「稱得上歐洲客廳的大都市增加，對旅途中可說是走廊的停靠港也十分感興趣。好奇著會遇上什麼樣的民族，殖民統治這些民族的是如何的政治力、經濟力，以及會接觸到什麼樣的宗教、風俗、習慣。」[6]不久前的三六年，作家橫光利一即便在抵達歐洲後，途中經過的殖民地仍盤據在他腦中。在法國上岸前往巴黎的路上，他「回過神來，又在思考殖民地的蓬勃發展」，連抵達巴黎後初次放晴的日子裡「回到單人房中，深夜浮現腦海的風景，是曾橫越的阿拉伯沙漠」[7]。但野上與橫光可說是例外。

這也反映在對赴歐日本人的研究，皆以其歐陸經驗為中心上。抵達歐洲前在帝國航路上的經驗，對日本人的歐洲觀、亞洲觀，甚至是對日本的現狀與將來的省察帶來什麼影響，都只有片段地提及。對於一部分的帝國航路，松澤弘陽在其名作《近代日本的形成與西洋經驗》中敏銳指出且詳盡地探討了日本人的西洋「探索行」成為認識中國之旅，以及在上海、香港經驗所擁有的意涵，但在這樣的書中也未論及帝國航路全體[8]。

其中也有重視帝國航路的研究，如英國歷史學家安德魯．寇賓（Andrew Cobbing）在《日本人的維多利亞時代英國發現——早期極西之旅經歷》（*The Japanese Discovery of Victorian Britain: Early Travel Encounters in the Far West*）裡中肯指出了帝國航路對目的地英國的日本人的意義。不過，其所處理的旅行紀錄只限於一八六〇年代，雖介紹了旅行者對上海、香港、亞丁或是開羅的政治性感慨，卻幾乎沒有討論到新加坡或錫蘭。雖然這麼說，下面引用自討論此主題章節的結尾段落，確實表現出此時期帝國航路的意義。

> 大部分的旅行者對亞洲形勢抱持著共同的擔憂，自覺必須改變對西洋的看法。在上海或香港察覺到中國人世界的不穩程度，讓他們對日本是否能抵抗條約締結國家更進一步蠶食產生新的疑問。他們逐漸認清歐洲在亞洲海域中管控力量的全貌，這在其對英國

---

5 與謝野寬、與謝野晶子，二〇〇三。
6 野上彌生子，一九四二，頁一。
7 橫光利一，二〇〇六，頁五七—五八。
8 松澤弘陽，一九九三。

軍事和經濟力既嫌惡又讚賞的說法上表現得最為明顯。航程中的遭遇逐漸動搖他們對外界抱持的想法，即使是最執迷不悟的攘夷運動支持者，最後抵達（歐洲）時，他們無條件反對日本未來與西洋產生關聯的態度，實際上也無法繼續。[9]

二十世紀初夏目漱石留學英國的經驗，迄今得到許多關注，漱石在倫敦時期的一舉一動都被徹底調查，然在他前往倫敦途中的所見所感，卻只被當成次要問題。不過，末延芳晴在《夏目金之助倫敦發狂》裡注意到帝國航路對漱石的意義，將其與成島柳北、森鷗外，和永井荷風之行進行比較。末延指出，從漱石抵達倫敦後的行動可推敲出其旅程性質靜態，對照之下，柳北積極地以旅行者的身分活躍在各地，鷗外則是在香港觀察醫院，表現出傑出留學生的作為。末延並巧妙地指出他們旅程的差異，包含漱石在內大部分日本人將受歐洲殖民的亞洲人視為落後，荷風則是在觀察亞洲人們中產生了對日本的批判意識[10]。

雖然有這樣限定時期或地點、或集中在特定人物身上的研究，但幾乎仍未見有對帝國航路經驗的整體及長時間進行研究的嘗試出現。不過，在本書準備的期間，三本書的出版填補了這個空洞。

第一本是和田博文《海上的世界地圖——歐洲航線百年紀行史》。和田針對航路進行解說，並提供航行船隻的詳細資料，同時根據大量遊記介紹行經航路的日本人有著怎樣的經驗。筆者在接近帝國航路與日本人關係全貌的嘗試中，從必要參考資料的訊息等方面受惠此書良多。然書中提及的遊記內容多樣，即使有和本書討論重疊之處，亦僅為其中各式各樣論點之一[11]。

第二本是橋本順光．鈴木禎宏編著的《歐洲航路文化誌——解讀停靠港》。這本書以一九二〇年代、三〇年代為中心，執筆者以各自切入點描述新加坡、檳城、蘇伊士（賽得港），以及航道兩端都市橫濱和馬賽的城市風貌，分析旅行者的文化體驗。書中各篇以和辻哲郎旅行紀錄集成的《風土》作為意識上的聯繫絲線，亦可作為和辻論深讀。然而，對於航路見聞為近代日本帶來的政治性含義，則未作出深入探討[12]。

---

9 Andrew Cobbing, 1998, pp. 87-88.

10 末延芳晴，二〇〇四。

11 和田博文，二〇一六。

12 橋本順光．鈴木禎宏編，二〇一七。

最後是西原大輔《日本人的新加坡體驗——從幕末明治到日本占領・戰後》。如同書名，此書處理這段期間內訪問和旅居新加坡的日本人，反映亦身為詩人的作者的關注，呈現出以文人作家為中心的豐富新加坡體驗，但亦幾乎未將注意力放在旅行者的政治意識上。

承接過去的研究動向，本書將聚焦於摸索日本在世界，尤其是在亞洲位置的人們的見聞和議論上，解讀帝國航路上的旅程紀錄。討論的時期則是自一八六〇年代至一九五〇年代約百年間。

第一章中將指出帝國航路整體上應注意之處，把重點放在日本人旅行者對各地的感受，同時對各停靠港進行解說，以作為第二章之後的討論背景。而自第二章起，內容則按以下時代區分。

第二章為至明治維新為止的幕末動亂期一八六〇年代，以幕府所派出的遣歐使節等數個使節團為首，僅限少數人能前往歐洲的時代。接下來的第三章，是自明治維新起到一八八〇年代的明治前半期，此時以岩倉使節團為首，出航者大多身負尋找建設明治國家之道的使命。第四章則自甲午戰爭日本成為殖民地宗主國的一八九〇年代起至第一次世界大戰為止，在日本身為帝國主義陣營一員的背景下，此時期旅行者們的想法是所要討論的問題。第五章討論一九二〇到三〇年代，這是第一次世界大戰後，在帝國主義時期形成的世界體制重整之中，日本需決定前進方向的時代。關於第二次世界大戰後到一九五〇年代為止日本從戰敗邁向重建的時代，則將在結語中簡單觸及，並總結本書的討論。

最後，關於本書的使用資料和用詞有幾點須先說明。

首先是資料的性質。本書所使用的資料為經由帝國航路旅行的人們的紀錄，包括抵達停靠港時或不久後的紀錄（日記或書簡等），以及靠港一段時間後才寫下的文字（回國後整理的遊記，或是多年後的回憶錄等）。以感觸的鮮明度而言，後者當然不及前者，但後者作為旅行者將旅途見聞深思熟慮後的紀錄，其中亦有可觀之處。本書在使用資料時，將盡可能言明其各自性質。

第二是關於去程和回程的差異。大部分的旅行者往返皆經由帝國航路，多在去程留下詳細紀錄，回程的紀錄則相當簡略。其中亦有如同前述岩倉使節團或與謝野晶子般去程採用其他路線，僅在回國時經由帝國航路的人們。接觸歐洲前先見到殖民地的狀況，或是在見識過歐洲後才拜訪殖民地，可想見會對旅行者想法產生大幅影響。一八七三年，福澤諭吉的得意門生古川正雄前往維也納萬國博覽會，來回皆經帝國航路，對歸途留下「一起初離開日本，抵達沿途各港時對其土地風俗之低下已感悚然，慣於西洋優點與良好風俗，再見此惡狀更感厭惡」的感想[13]。本書亦考量到此點，明確標示去程或回程。

第三點是關於「支那人」、「土人」等辭彙。這些詞彙是現代應該避免使用的蔑稱和歧視用語，但因在本書使用的資料中頻繁出現，書中引用亦按原文。有一點必須注意的是，直到明治前半期時「支那人」並不全為蔑稱，而「土人」在使用上也未必帶有蔑視意味。雖然隨著時代變化，此二詞的歧視性質逐漸增強，但這些詞彙的使用也在本書討論的範圍內，因此即使是明確用於蔑稱的狀況，引用部分也會依照原有詞彙表示。

13　古川正雄，一九六八，頁三九六。

第一章

帝國航路與英國殖民地

一　帝國航路之旅

帝國航路

帝國航路的歷史可追朔至一八四〇年代。一八三七年獲得英國國王敕許成立的大英輪船公司（Peninsular and Oriental Steam Navigation Company，簡稱P＆O），於一八四〇年營運英國至亞歷山大港的定期航班，此後又陸續開設英國─加爾各答（一八四二）、錫蘭─檳城─新加坡─香港（一八四五）、香港─上海（一八五〇）、上海─長崎（一八五九）、香港─上海─橫濱（一八六七）間的定期航線[1]。

本書所討論的旅行者們，最初只能搭乘英國或是法國船隻（法蘭西帝國郵船公司的航線在一八六〇年時已延伸至上海），但日本郵船在八五年創立，九三年開設至印度航線，九六年擴展營運至歐洲航線，乘坐日本船隻前往目的地成為可能。以本書而言，第二章、第三章

1　橫井勝彥，二〇〇四，頁二二四。

提及的人們仍不得不搭乘外國船隻，第四章後的人們便可能搭乘日本船隻航行在帝國航路上。九六年航線開通後的首航船日本郵船土佐丸，其事務員阪本喜久吉的興奮之情將在第四章（頁一四二）中觸及。而在第一次世界大戰後的一九一九年起，大阪商船也開始營運帝國航路上的航線，第五章中（頁二二九）介紹的德富蘆花（健次郎）亦是首航乘客。

新加坡是英國船在香港的下一站停靠港；法國船則是經由西貢抵達新加坡。但是除了西貢，旅行者即使搭乘法國船隻也不得不經過英國所殖民的地區。關於應該選擇搭乘英國船還是法國船，一八七六年派遣至歐洲的中國外交使節團的經驗值得注意（關於此使節團，請參考頁一三二，專欄二）。他們從上海出發時原本預定搭乘法國船，但被曾是英國軍人的通譯馬格里說服而改搭英國船。馬格里的舉動不僅出於對英國航海技術的自豪，也是由於深信途中所有停靠港皆飄揚著英國國旗的事實，能對使節一行產生莫大效果[2]。

然而，即使沿途大部分是英國領地，搭乘英國船隻也未必就能提升英國威信。其中一個例子是一八六四年幕府派往法國的使節團（第二次遣歐使節團），去程搭法國船，歸途則由蘇伊士搭乘英國船。使節團成員岩松太郎在〈航海日記〉中吐露對英國船隻的強烈不滿。船上最糟糕的是食物，難吃到激起使節團全員怒火，讓他只感到「英船無人能用美味，皆與惡食」。再加上法國船所有工作人員至水手對日本人皆用心有禮，英國船卻不同，船上水手幾乎都是印度人，僅有六、七名英國人，其中也有五、六名中國水手。岩松太郎將此解釋為日本受到輕視的證據[3]。

與早期不得不仰賴英國或法國船隻相比，不難想像到了十九世紀末，能搭乘日本船隻前往歐洲之事強烈鼓舞了旅行者的民族主義。這個變化，也反映出日本在世界地位的上升。

船客面面觀

經帝國航路赴歐的日本人在幕末時仍屬少數，進入明治時代人數增加，從能搭乘日本船隻航行至目的地起，人數更為上升。具體變化將於各章開頭說明。

艙房等級一般分成一等（上等）到三等（下等）。有些船還有四等），日本旅行者根據各自社會地位和經濟條件選擇等級。一八九九年兩度赴歐留學的第一高等中學教授、史學家箕

2　手代木有兒，二〇一三，頁三四。
3　岩松太郎，一九八七，頁四六六—四六七、四七八。

作元八（其於八六年為學習動物學赴德，留學中改習歷史，九一年在德國取得博士學位）兩次都搭乘法國船，但第一次是下等，第二次是中等艙的乘客。第二次航程中同為中等艙乘客的日本人有六名，皆是大學畢業的學士。與現在不同，當時日本社會中學士仍相當稀少而受重視。中等艙中當然也有歐洲乘客，箕作評為「同船之中等洋人皆不值一提，應為遠較我等低下之人物」[4]，道破在十九世紀末，於亞洲展現殖民統治力量的歐洲列強與正開始迎頭趕上、登上強國之階的日本，兩者之間的位置關係。

關於船艙等級在此以一戰中一九一六年渡歐的海軍軍人水野廣德之事為例。水野此行搭乘日本郵船諏訪丸，選擇二等艙，對於周遭高階軍人（當時水野為海軍中佐）應乘一等，選擇二等是否適宜的疑問，則以學者和藝術家大多也都搭乘二等艙來正當化自己選擇。他認為搭乘一等艙不過是為了威嚴，水野甚至「想把『威』字從日文字典裡刪除」，並對二等艙乘客不能進入一等艙、三等艙乘客不能進入二等艙，然而一等艙乘客卻能進入二、三等艙的規則，以批判態度留下說明。另外，根據水野所記，諏訪丸的三等艙乘客，男性大多有著勞動者外貌，女性則為「娘子軍」（即娼妓，其事請參照第四章）[5]。

二等艙與三等艙的乘客已是如此不同，在艙房乘客和支付低廉費用，睡在甲板並得自行負責料理三餐的艙面乘客（deck passenger）間差距更大。艙面乘客出現在香港、新加坡、檳城、可倫坡之間，主要是印度或中國人。日本旅行者眼中的帝國航路上的亞洲人為本書探討主題之一，在此可以看到亞洲人的野蠻與落後、被動的形象浮現。強化此形象的一個關鍵因素，就是這些艙面乘客。

一八八七年渡英的滋賀縣實業家高田善治郎，記錄在香港登船的數十名中國艙面乘客，「如日本乞丐般向船員乞討剩飯和食材殘渣」，遭船員投擲食物甚至吐口水。但對高田而言，這都是中國人咎由自取，一面倒地指責中國人的「野蠻」[6]。一九〇〇至〇二年間留學德國的作家巖谷小波，自歐洲返國途中在可倫坡遇上中國和印度的艙面乘客，對他們占領原本空蕩無人甲板的模樣印象深刻。同樣地，巖谷在觀察到他們沒有被視為普通旅客，甚至不被當成人類而是貨物看待的同時，也未對此抱持任何疑問[7]。在對艙面乘客的看法中，文化

4　井出文子・柴田三千雄編，一九八四，頁二三。
5　水野廣德，一九二二，頁二九、三六、四一—四二、四九。
6　高田善治郎，一九八七，頁二六八。
7　巖谷小波，一九〇三，頁三八七—三八八。

史研究者橋本順光注意到哲學家和辻哲郎（見第五章）之例。和辻哲郎從一等艙裡看到艙面乘客中母親疼愛孩子的模樣，在給妻子的信中表示這讓他「幾乎要流下淚來」。橋本並指出，和辻在以旅行經驗所寫下的《風土》中表示，艙面乘客家族和樂的模樣帶著「催人熱淚般的感傷性」，同時也認為其中展現的「認命順從特質」，會「刺激」觀者「戰鬥征服性的性格」[8]。

雖然稀少，但必須指出，也有旅行者看到艙面乘客不同的一面。例如一九一三年渡歐的無政府主義者石川三四郎便記下，同船的白人乘客看見自新加坡登船的三名黑人艙面乘客跳舞，感到愉悅而想給予金錢，其中兩人憤而離席的場面[9]，讓石川對艙面乘客的尊嚴留下印象。前面提過的水野廣德，因印度艙面乘客整體行動遲緩舉止怠惰，風俗鄙陋，認為「印度無獨立亦無革命之可能」，但與其中一位年約五十「服裝粗陋髒污然目光有神」者接觸後寫下，「其於一日中向我訴說亞細亞人團結、日中親善之要。所言頗得要領，應為印度隱世先覺」。水野也注意到這樣的印度人受到警戒，處在「中央甲板上英國人嚴密監視」下[10]。

當亞洲人們形象在船中逐漸成形，歐洲人的形象也隨之建立。在此僅舉一例。一戰後的一九一九年，身為記者也是俳句詩人的小野賢一郎在印度洋上寫下發現船中文明人的真面目。他指出有好幾對攜帶孩子的歐洲夫妻，放著小孩不管而彼此通姦，並留下「過分的傢伙！什麼文明人，什麼人道主義，不都只是罔顧他人！不僅在船中，上岸觀其殖民地，見其亦侮辱所謂『同盟國人』，他們視印度人為奴隸，難道不會同樣對待作為『有色人種』的我等嗎？」對歐洲人十分激烈深刻的批判[11]。

下一章起，本書將討論帝國航路旅行者如何看待「登陸後」、「他們殖民地的樣子」。在依時代討論前，下面先藉旅行者之觀察，簡單介紹沿途的停靠港。

8　橋本順光．鈴木禎宏編，二〇一七，頁一一三。
9　石川三四郎，一九二二，頁二八。
10　水野廣德，一九二二，頁一四四—一四五。
11　小野賢一郎，一九一九，頁八〇—八一。

二 沿途殖民地速寫

廣闊的英國殖民地

除去搭乘法國船所停靠的西貢，帝國航路沿線的停靠港皆為英國領土或是勢力範圍，這給予日本旅行者們強烈印象。

比如一八八二年，駐義大利公使淺野長勳在赴任途中，越過印度洋航行於紅海上時發出以下感慨。

英國屬地既廣且大，眾所皆知。而今航途所經，起自香港而新加坡、錫蘭島諸港，及至亞丁丕林島（Perim Island）樞要之地，皆為英人所領，派吏屯兵，為施政，為設警衛，以威福統治地民。其占印度等富饒之地極多，各地物產年增其國收益不知幾億千萬。航路所至，無不有該國軍艦商舶碇泊，可謂兵備整頓，貿易繁盛。[12]

這是在日本視英國為其建設近代國家範本之一的時期中，十分率直地讚賞英國展現於帝國航路上勢力之強大的文章。

半個世紀後的一九三〇年，為參加國際國會聯盟（Inter-Parliamentary Union）會議而出發的土木實業家、貴族院議員森田福市，也不由得在紅海入口亞丁提起帝國航路上的英國勢力。

> 啊啊英國人根基之強固實為驚人。見其於上海、香港、新加坡、馬來半島、檳城、可倫坡、阿拉伯、亞丁等地汲汲不倦營造殖民計劃之成功，回首我國於蝸牛殼內三百年，耽於鎖國之夢，不禁痛惜。／刻苦不懈，不急於功，開拓東亞要港為不可動搖之貿易港，盎格魯・薩克遜人之耐力令人感嘆。[13]

在此半世紀間，日本將台灣、庫頁島南部、朝鮮納入帝國版圖，一戰後所委任統治的德

12 淺野長勳，一八八四，頁三一。

13 森田福市，一九三一，頁二八—二九。

屬南洋諸島亦成為實質領土。如同將在第五章中論及的，此時在各停靠港也可感受到英國勢力正走向下坡。即便如此，壓制各停靠港的仍是英國，日本還是持續意識著自己是緊追其後的國家。

一九三六年，為探訪藝術搭乘日本船白山丸出海前往歐美的作家武者小路實篤，在抵達亞丁前一天留下感想：

明日，將抵達亞丁。雖然在那裡沒什麼想看的，但同為英國領地，亞丁風俗相當不同。這艘船其實只停靠英國領地。英國勢力實在強大。雖未特感佩服，亦未甚反感，然而也稱不上舒暢。[14]

翌年日本發動對華戰爭，又在四一年十二月對英美等國開戰（亞洲太平洋戰爭，當時日本稱為大東亞戰爭）。醉心於托爾斯泰的和平思想，在一戰時對戰爭抱持批判態度的武者小路，自日本對華戰爭以來明顯轉變為支持戰爭，其於四二年五月出版的《大東亞戰爭私感》中，有如下記敘：

過去曾旅行歐洲者應無不對日本船隻停靠港盡為英領而感氣憤。然大東亞戰爭開打未滿七十日即攻陷香港、新加坡、檳城；新加坡改名昭南島。實為痛快。[15]

即便過去旅途中對英國領地之遼闊「未特感佩服，亦未甚反感」，在這裡武者小路則是包括自身亦對此「感氣憤」。但無論如何，帝國航路上的情景在亞洲太平洋戰爭開打後變得完全不同。

以下，將簡單介紹各停靠港。

上海

上海是大部分旅行者最初的停靠港。但比起不遠的蘇州，或是位於長江更上游處的南京，上海直到十九世紀初時仍相當不起眼，因鴉片戰爭簽訂《南京條約》（一八四二年），

14　武者小路篤實，一九八九b，頁一七一。
15　武者小路篤實，一九九〇，頁三九一。

開埠後作為貿易據點而急遽發展。上海雖非正式殖民地，但據一八四五年訂立的土地章程，設置了行政、警察、司法權皆握於外國之手的租界，實質上是接近殖民地的區域。初期設置英法美三國租界，六三年英美租界合併為公共租界，與法租界、租界以外的中國人居住區（華界），三方區域鼎立於上海。爾後租界範圍持續擴展，其中被稱為外灘的黃浦江沿岸，矗立起成排壯觀的歐風建築。

一八四五年設置英國租界時，僅約五十名外國人居住在上海，六〇年代中已約有兩千八百人。日本旅行者大約自此時期起訪問上海。幕末至明治初期日本國內尚未西化，旅行者們首先對上海的歐洲事物感到驚奇，但也僅限於租界內。中國人聚集以及居住地區（舊上海縣城及其南部），則被視為髒亂不安全的區域，受到旅行者厭惡。六五年為募集建設橫須賀製鐵廠所需人才和物資而赴英法的使節團成員岡田攝藏，視其師福澤諭吉《西洋事情》為「大作」而將自己的渡海紀錄取名為〈航西小記〉，其中記載了當時的上海樣貌。

上海近來貿易興盛，為支那諸港之首。諸洲商船常有百五十艘至約兩百艘，出港商品中絹絲茶棉及陶器類等數量龐大（中略）歐洲商館雖日益興旺，而支那人所居之地不

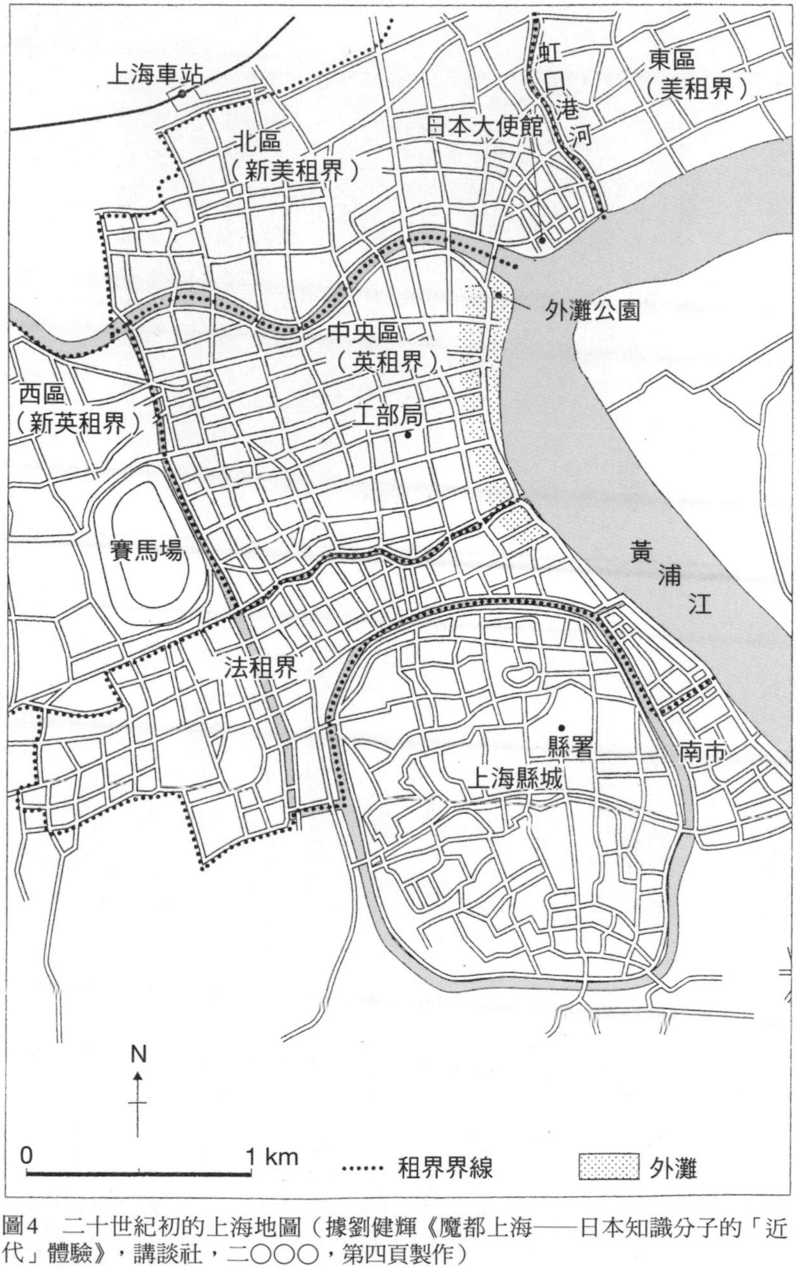

圖4　二十世紀初的上海地圖（據劉健輝《魔都上海——日本知識分子的「近代」體驗》，講談社，二〇〇〇，第四頁製作）

圖5　上海中國人車夫與印度人警察（鄧明主編，《上海百年掠影》，上海人民出版社，一九九四，頁一四六）

潔且少富者。[16]

進入二十世紀時，上海外國人口超過一萬人。一九〇〇年隨日本郵船社長訪問歐美的員工正木照藏，經帝國航路自歐洲返國途中抵達上海，以上海如同歐洲港口，新加坡和香港皆不能及，而評價上海為「東洋最值得期待之地」。同時也不隱藏對中國人居住地區「道路狹隘且極度髒亂，散發臭氣」的厭惡感[17]。

僑居上海的日本人數也隨其發展而增加。一八七〇年時僅有七人，一九〇〇年前後突破千人，一戰中的一九一五年超越英國成為上海最多的外國人口[18]。

人口不斷成長的上海，清楚展現了帝國世界

的種族階層。

史學家箕作元八於一八九九年再度赴歐，對首次航程中沒有停靠的上海抱持著新鮮的印象，認為「比香港更富有中國風情，多新奇事物」，並記錄下上海人種各異的警察。箕作所見警察有三類，最高階是穿黑衣戴雙角帽的歐美警察，次為身形高大頭纏紅布的印度警察。最低階的是「中國巡警」，「頭戴紅纓白斗笠，宛如畫本《三國志》插圖裡被關羽青龍刀斬飛的雜兵」。但箕作看到的歐美警察僅有一名，在每個十字路口擺出威嚇態度的則是印度與中國警察[19]。警察在上海街道中相當引人注目，水野廣德藉此觀察到劇烈種族階級差異，「如同蝨子的中國車夫」在印度巡警前也會收斂散去，但在歐美人眼中，印度巡警也不過是忠實的看門狗[20]。

16　岡田攝藏，一九八七，頁四八三—四八四。
17　正木照藏，一九〇一，頁二八〇—二八一。
18　榎本泰子，二〇〇九，頁七七。
19　井出文子、柴田三千雄編，一九八四，頁一二。
20　水野廣德，一九二二，頁五五

關於中國人在上海遭受歧視的事例，以租界內公園禁止中國人進入最常被提及。一九〇六年踏上拜訪托爾斯泰之旅的德富蘆花，在對租界一瞥後留下的記憶為「公園門口立著華人不得進入的告示」[21]。

帶著這些面貌的上海因活躍的經濟活動而繁榮，一九二〇年代時成為摩登都市的代表。沉溺在上海氣氛中不可自拔的日本人生態，可在金子光晴《髑髏杯》一書中窺見。

上海周遭局勢在一九三〇年代發生了巨大變化。三一年九一八事變後，日本將中國東北（滿洲）納入控制範圍，為了把國際社會的注意力從滿洲引開，三二年一月軍部在上海發動陰謀事件（日僧事件），且又攻擊上海中國駐軍（一二八事變）。事變發生後約一個月中國退敗，在英、法、美、義調停下雙方於五月簽訂停戰協議。三七年盧溝橋事變爆發中日戰爭開戰約一個月後，日本海軍陸戰隊將校在八月遭到殺害（八一三事變，同樣帶有日本軍挑撥的特徵），觸發中日兩軍再次於上海交戰（淞滬會戰），戰鬥持續到十一月中國軍撤退。這兩次發生在上海的事變，戰場都在租界之外。租界外側區域雖因淞滬會戰遭日軍占領，租界本身並未受到日本控制。然此情勢在四一年十二月的亞洲太平洋戰爭開始後崩潰，日本軍隊進占公共租界，英美喪失控制權。此時，由於日本同盟國德國在法國扶持的傀儡政權維琪政府（Régime de Vichy）成立，法租界雖未遭日本軍隊侵入，實質上已在其勢力範圍中。

香港

上海據《南京條約》開埠，香港島亦據此由清廷割讓給英國。起初英國較重視獲得開放通商貿易的五個港口，認定香港島不過是僅有少數人口從事農漁業的地方，不具長遠價值。然而香港價值逐漸受到重視，在第二次鴉片戰爭後所簽訂的《北京條約》（一八六〇）中，香港對岸的九龍半島南部也成為英國領地。之後日本旅行者開始停靠香港。負責英國亞洲金融活動的香港上海銀行於一八六五年設立，香港在大英帝國中的重要性提高。十九世紀末的九八年，九龍半島北部等地組成的新界，以九十九年的租期納入英國統治。英國取得這些地區並非是因統治香港需要，而是帝國主義走向極盛期，其他列強對中國的動作頻繁，因而決定擴張管控區域。

香港人口因《南京條約》由英國統治之初約有五千人，一八六一年為十二萬人，租借新

21 德富健次郎，一九〇六，頁九。

界後於一九〇一年超過三十萬，以此速率持續成長。人口成長的主因是由鄰近區域移入的中國人口（尤其以一八六〇年前後為躲避太平天國而流入香港者為多），以英國為首的外國人口亦穩定增長。一八六〇年代初時歐美人口約有一千六百人，九一年約八千五百人，一戰開打時已超越兩萬[22]。根據日本政府統計，一八九一年時香港人口中的日本人有二百四十八名，一九〇〇年為三百八十七名，一〇年為一千零三十四名。

旅行者可在此見到許多不同的種族。一八八二年陪同自由民權運動政治家板垣退助出海的栗原亮一亮形容此景為「可謂世界人種展示場乎」，對如葡萄牙人般好幾代與中國人通婚所生的後代，栗原則感到「容貌無異於日本人，如相遇幾欲與之交談」[23]。

一戰後一九二四年，醫師暨歌人齋藤茂吉自歐洲返日，途經香港，留下和歌「混合而成之都會，相安和樂各營生」[24]。但在人口組成複雜的香港，彼此間所瀰漫的絕稱不上「和樂」。雖然不像上海明確分隔成租界與中國人居住區域，但香港在實質上也是相同狀態。如盤據香港島中心的太平山（標高五百五十二公尺）山頂區（Victoria Peak）只有英國等歐洲人能居住，中國人或是栗原紀錄中的混血兒，除非身為歐洲人所雇用的傭僕，否則無法住在此地[25]。起初這項限制並未法制化，但在中國人的民族意識開始高漲的二十世紀初期，以

〈山頂區保留條例〉（Peak District Reservation Ordinance, 1904）而制度化。通往山頂區的山頂纜車（Peak Tram）在一八八八年開通，日本旅行者幾乎必會前往搭乘，但對山頂區的種族問題卻毫無認識。即使到今天，山頂纜車仍是香港旅遊的重要景點之一，觀光客們絲毫沒有意識到這段歷史，搭乘纜車登上山頂，欣賞風景。

一戰中一九一五年靠港於此的記者（後來成為政治家）中野正剛，描寫英國統治中的香港如下：

> 此處必為英領。連綿青山間，只見磚造數層樓矗立。過去所見日本住家顯得矮小。支那市街煙燻火燎。香港為盎格魯·薩克遜人之牙城，（中略）其姿傲然威震東方人種之間。[26]

22　岩崎育夫，二〇〇七，頁七一。Steve Tsang, 2004, pp. 87, 109.

23　師岡國編，一九八七，頁七六。

24　齋藤茂吉，一九五三，頁二四二。

25　John M. Carroll, 2007, p. 74.

26　中野正剛，一九一七，頁三四二。

圖6　香港的山頂纜車（*Old Hong Kong*, Vol. 2, FormAsia, 1995, p. 12）

中野在香港見到的英國兒童看來十分幸福，相對於英國人們在東洋享受作為英國人的幸福，原是此地主人的中國人則遭「禁止進出公園」。中國人的街上即使有洋館，也總是髒亂而缺乏秩序，讓他感到「此民族遭他人欺壓之因，亦盡現於此街衢中人之面相上」[27]。

但一戰後中國民族意識開始高漲，香港的政治氣氛也隨之升高。尤其是在一九二五年到二六年間明白揭示反英意識的罷工和杯葛，劇烈地動搖了香港社會。二五年香港所提出的政治訴求之一，即是中國人在山頂區的居住權。然而這波中國民族運動結果並未奏效，之後，英國殖民當局加強了對中國人言論自由的管制。

一九三〇年代後以九一八事變為界，日本加速侵略中國的行動，香港也開始受到影響。三七年日本對華戰爭開打後，中國難民從周邊地區大量湧入香港。身為貿易池的香港也成為英國海軍據點，重要性僅次於新加坡，英國方面雖加強了防禦體制，但由於四一年十二月亞洲太平洋戰爭爆發後的日軍攻略作戰，十二月二十五日，香港英軍向日本投降。

新加坡

新加坡是位於馬來半島南端，僅以極為狹窄海峽分隔的小島。一八一九年英國東印度公司的萊佛士爵士（Sir Thomas Stamford Bingley Raffles）介入當地的王位繼承權紛爭，藉機為英國取得了新加坡，二六年起將其與馬來半島西北方的檳島（檳榔嶼），以及半島上的麻六甲整合為東印度公司統治下的海峽殖民地（Straits Settlements）。具備成為交易據點優

27 同前註，頁三四五。

圖7　新加坡萊佛士酒店（Gretchen Liu, *Singapore: A Pictorial History 1819-2000*, Archipelago Press, 1999, p. 122）

良條件的新加坡在此後急遽擴展，一八三〇年至六七年間，交易量成長三倍，人口增加為四倍[28]。期間，由於對新加坡作為交易根據地的成長，東印度公司的管理對應不足，使商人不滿升高，五七年時提出請願，希望由英國政府直接管理。經過十年的交涉，終於在六七年時實現。幕末的日本旅行者抵達新加坡時，正好是這個時期。

此後新加坡以貿易轉運港繼續發展。一九〇三年，新加坡船隻停靠總噸數排名世界第七[29]。英國統治初期尚未被認識到的軍事戰略價值，也在一八六九年蘇伊士運河開通後受到重視，原本幾乎皆由當地負責的軍事支出也由英國政府負擔。新加坡的軍事意義在一戰後更受強調，被視為大英帝國防衛的中心據點，作為領土遍及亞洲的大英帝國要地，成為其軍事力量象徵地。正因如此，亞洲太平洋戰爭開戰後不久的一九四二年二月，應該難以攻克的新加坡卻出乎意料地遭日軍占領，更是在軍事和政治上大幅動搖了大英帝國。

伴隨著新加坡的發展，在萊佛士初抵時期僅約一百五十人的人口，一八六〇年已成長至八萬人左右，進入二十世紀時已超越二十萬人[30]。此地人種亦相當複雜，其中最多的是中國人（特以福建人為多），占人口數大半。其次是印度人（多為南印度出身者）、馬來人。相對的，握有統治權的歐洲人（幾乎皆為英國人）在一八六〇年時只有五百人以下，八一年仍未滿三千，一九〇一年時僅止於三千八百人。而僑居新加坡的日本人在一八九一年時共二百四十五名，一九〇〇年六百七十六人，一一年一千兩百四十六人，以穩定步調增加。

在十九世紀末到一戰期間，新加坡的日本人中以娼婦（「唐行女」）的存在感最為強烈，旅行者們皆異口同聲地提到她們。在一九三八年出版，以日本人在新加坡活動紀錄為主

28　C. M. Turnbull, 2009, p. 54.
29　同前註，p. 108。
30　岩崎育夫，二〇〇七，頁七一。

的《南洋五十年——以新加坡為中心的同胞活躍》中，回想起因日本在日俄戰爭中勝利，使得「原本受到和印度人、中國人同樣對待的當地同胞，從此受到世界第一等國民的禮遇」，並表示那也是「花街的全盛時期」[31]。關於新加坡的日本人娼婦將於第四章中詳細敘述。

新加坡與上海和香港相同，或者可說根據不同的觀察者，新加坡是更加展現出人種多樣性和階級性的都市。一八八四年隨陸軍卿*大山巖前往歐洲視察的軍人野津道貫，在新加坡的旅館聚餐時發現旅館客人是日本人，而經營者是歐洲人、服務員是中國或菲律賓人、打雜工作則是馬來人或是印度人，他「不由得一笑」，記下當時感想：「觀一室之人種五指盡折，不亦奇乎。實五方雜處之地也。」[32]一九一一年乃木希典陪同伏見宮訪英出席英國國王的加冕儀式，其隨員吉田豐彥則對當地幾乎依種族來決定職業的情況印象深刻，他觀察到人力車夫、清理糞肥類的下等工作由中國人、牛車車夫則是印度人、汽車駕駛或馬車夫之類勞力較少而多少需要技術的職業則由馬來人擔任[33]。

在一戰期間中野正剛如此形容君臨多樣種族的歐洲人地位：「白人為此地之征服者，雄視於黃色、土色、黑色、所有的劣等動物（？）之中，獨露洋洋得意之色。」大多停靠新加坡的日本人皆會前往馬來半島南端的新山市，中野注意到當地停車場的差役皆為印度人，以「有約翰牛（John Bull）撐腰的印度狐，的確足以威嚇支那豬」來說明印度人和中國人間的上下順序[34]。然而支撐新加坡發展的正是中國人。日本人對此相關的觀察會在第四章和第五章中介紹。在英國統治下，中國人累積了強大的實力。一戰後新加坡中國人的民族意識也逐漸增強，殖民地統治當局對此是否會引發反英風潮保持著十足的戒心。於一九二九年就任海峽殖民地總督的金文泰爵士（Sir Cecil Clementi），為防中國民族運動擴大而限制中國人移入新加坡，結果在三〇年計有二十四萬人的中國移入數量，到三三年時激減為二萬八千人[35]。

一九三〇年代日本於中國的侵略活動擴大，三七年開戰的侵華戰爭餘波亦對新加坡造成影響。對於中國人高漲的反日情緒，英國當局採取禁止反日示威遊行以及從中國輸反日書籍

31　南洋及日本人社編，一九三八，頁一四四，一六〇。

*　譯注：明治初年大政官制度下的陸軍省長官名稱，明治十八年內閣制實施後改稱為陸軍大臣。

32　野津道貫，一九八七，頁六〇。

33　吉田豐彥，一九九四，頁二三八—二三九。

34　中野正剛，一九一七，頁三六一、三六三。

35　C. M. Turnbull, 2009, p. 146.

的措施[36]。然而這些措施中透露出帝國主義聯手對抗反殖民地主義民族運動的構圖，最後還是在一九四一年日本決定對英美開戰後崩潰，如前所述，四二年二月，新加坡受到日軍占領並改名為昭南。之後，此地中國男性被視為「抗日分子」遭日本軍虐殺，據說因虐殺而犧牲的人數達四萬至五萬人之多。

檳城

航行於帝國航路上的旅行者大多都會從新加坡直接前往錫蘭，但也有沿馬來半島西岸北上，停靠檳城後再前往錫蘭的航線。

一七八六年，英國的萊特船長（Captain Francis Light）與馬來半島吉打蘇丹交易獲得檳城，並以東印度公司代理身分管轄。萊佛士爵士在前往新加坡前也曾派駐於此五年。這座島在一八二六年時與新加坡、麻六甲組成海峽殖民地，之後於六七年起由英國政府直接統治，並成為馬來半島所採錫礦，以及十九世紀後的橡膠貿易據點獲得發展。

帝國航路上的船舶在此停泊時間不長，但停留期間，大多的旅行者會前往今天仍是知名觀光景點的蛇廟和極樂寺。

檳城和此前的停靠港相同，在英國統治下成為多種族混雜之地，特別是中國人口在十九世紀末時急速增加，占總人口一半[37]。一九〇〇年途經此地的作家大橋又太郎（乙羽）以「石工為支那人，黑人專任下等粗工，（中略）馬來人種被視為世界之最劣等人種」，來描述馬來系當地人遭擠落社會底層的狀態[38]。

關於馬來人觀察中值得注意的例子，在此再舉與大橋同年訪問檳城的記者（後轉投入政界）竹越與三郎的記敘：「此地最引人注意，是土人基本生活與我等祖先相類之事也。」透過馬來人在水岸低矮的兩層住家與藤原氏時代臨池宅第的聯想、他們因嚼食檳榔而齒黑唇紅，看來和日本貴族女性塗口紅染黑齒相似，讓竹越產生「不禁懷疑，若於此地深入探索，或可在某處某土豪家中發現我等日本人祖先過去帳*」之感[39]。

36 同前註，p.157。
37 ホイト，サリーナ・ヘイズ（Sarnia Hayes Hoyt），一九九六，頁五六。
38 大橋乙羽，一九〇〇，頁六〇。
* 譯注：類似神道教的靈簿，記錄往生者的姓名、戒名、死亡日期、年齡以及親屬關係的本子，一般收納於家中佛壇。
39 竹越與三郎，一九〇二，頁八二—八三。

在東南亞發現日本人祖先這種想法並非竹越獨有，比如一八九九年箕作元八在西貢看到水畔住家和染成全黑的牙齒時，也產生了相同的感想[40]。問題在於，對馬來人面臨的悲慘境遇，竹越開展了此境遇之人身負滅絕命運的議論。關於此點，會在第四章中觸及。

檳城於一九四一年十二月十九日遭日軍占領，此地中國人亦與新加坡相同遭受大量虐殺，犧牲者人數在一千六百人以上。

加爾．可倫坡（錫蘭，今斯里蘭卡）

從新加坡或檳城開始便進入印度洋的漫長航程。印度洋被稱為「英國之湖」，由此可知這是英國揮灑強大勢力的海域。一九二二年出發旅行的史家煙山專太郎在橫渡印度洋進入阿拉伯海時寫下，太平洋上日英美三國鼎立，但印度洋這舞台則是由大英帝國所獨占，正因為印度洋在英國的政治、經濟地理上有著關係存亡的重要性，英國人也抱持著視印度洋為帝國領海的強烈意識[41]。

旅行者在印度洋上必定會停靠錫蘭（今斯里蘭卡）的港口。一七九六年從荷蘭移交到英國手中的錫蘭，九八年時除了中央坎地王國以外的沿岸地區皆已為英國的直轄殖民地，而後坎地王國也在一八一五年時編入，全島納入英國統治之下。錫蘭島上的咖啡種植園面積在此後擴大，但一八七〇年代以後，由於咖啡病害以及面臨巴西的競爭，被茶葉種植園所取代。而錫蘭島上支撐種植園經濟的重要貿易港口是加爾和可倫坡（一八一五年後成為錫蘭首都）。

加爾是可倫坡港口改良前的停靠港，一八六〇至七〇年代的旅行者在此地停留。一八七六年，在第三次歐洲之行歸途中停靠加爾的明治政府官員中井弘（櫻洲）便寫下由於已是第五次來到此地，旅館主人宛如舊識[42]。不久之後的八〇年代，停靠港便改成了可倫坡。對於此變化，日本郵船社員高山謹一在之後作了以下的概要說明：

> 加爾過去是錫蘭島最繁榮之處，東來西往的帆船必會停靠於此，因而成為熱鬧的交易港，常可見到許多船隻。然因港外多暗礁、現代汽船吃水線較深，停泊於港內感到

40 井出文子、柴田千雄編，一九八四，頁一八。
41 煙山專太郎，一九二八，頁二五—二六。
42 櫻洲山人，一九六八，頁三二五。

> 狹隘，再加上與島內諸市間交通不便等理由為可倫坡取代，此地則作為地方港口存續至今。[43]

恰好在主要港口從加爾轉換到可倫坡期間拜訪錫蘭的，是為了出席俄羅斯帝國沙皇加冕典禮，於一八八二年朝歐洲出發的有栖川宮熾仁親王。其一行搭乘法國船經加爾停泊於可倫坡，在此留下「『可倫坡』港防波堤終於建成，其堤突出海中近三百間*，港內以此風波不起，且本港成『錫蘭』島首府，更為投錨之處」紀錄[44]。

從新加坡、檳城抵達加爾或可倫坡後，一路上經歷過各多民族停靠港的旅行者，在此地又產生了完全不同的印象。錫蘭島上除僧伽羅原住民外，還有大量作為種植園工人等自南印度移入的泰米爾人（根據一八七一年首次舉行的普查，印度出身者人數已超過總人口百分之八[45]）絕非僅有單一人種，然而日本旅行者無法分辨其間差異，以「紅鬍們」（一八九二年的池邊三山）、或是「五百羅漢般」的人（一九〇〇年的竹越與三郎）來形容他們。[46]

且與前面的停靠港不同，在此幾乎見不到中國人和日本人。一九〇〇年與夏目漱石搭乘同一艘船航行於帝國航路的日本文學研究者芳賀矢一，觀察到可倫坡整體上與新加坡十分相似，最大的不同在於沒有中國人商店，日本人也僅有一戶[47]。不過，根據日本政府的海外日本人數統計，一九〇〇年居於錫蘭的日僑有十三名。

加爾與可倫坡位於錫蘭西岸，英國在東岸亭可馬里（Trincomalee）設置的海空軍基地為其印度洋軍事據點之一。此基地的重要性在二戰期間新加坡遭攻陷後升高。

亞洲太平洋戰爭開始後，一九四二年二月，日本海軍聯合艦隊司令部建立錫蘭占領計畫。此計畫因海軍司令部及陸軍的消極態度而未曾實行，但在四二年四月日軍對可倫坡及亭可馬里空襲、為更加削弱因新加坡淪陷受到打擊的英國皇家海軍遠東艦隊（Eastern Fleet）戰力，發動印度洋海域上的錫蘭海戰（印度洋空襲）。這場作戰帶給英國皇家海軍相當的損失。

---

43 高山謹一，二〇一三，頁一六六—一六七。

* 譯注：一間約六尺，一・一八一八公尺。

44 林董編，一九八七，頁一四。

45 Patrick Peebles, 2006, p. 70.

46 池邊三山，二〇〇二b，頁三四。竹越與三郎，一九〇二，頁八八。

47 芳賀檀編，一九三七，頁六二四—六二五。

亞丁

離開可倫坡後，經過印度洋的漫長航程，旅行者們進入紅海。早期的旅行者會在此時順道拜訪位於紅海入口的亞丁，但進入二十世紀後訪問者便逐漸減少。日本郵船的高山謹一便表示「除有特別理由，日本船不會靠港」[48]。不過，仍有旅行者途經此處。一九三六年，搭乘日本郵船箱根丸的作家橫光利一便曾停靠於此。

拜訪亞丁的人們都記下了此地宛如不毛之地的異樣風景。幕末曾任外國奉行等要職，於維新後下野的文學家成島柳北，如此形容一八七二年的亞丁外觀：

> 蓋阿拉伯海岸多為砂礫而不見青草。峰巒肉無骨露如劍如牙，其高聳矗立動魄驚心。亞細亞所未嘗能見。英人

圖8　1867年的亞丁（R. J. Gavin, *Aden under British Rule 1839-1967*, C. Hurst, 1975, pp. 121-122）

沿本港之山築砲台，有如天造長城，其間栽樹未築屋，勞苦可想而知（中略）英人在此不毛之鄉行開拓築路等業，實可感佩。[49]

而在六十多年後的一九三六年，橫光利一如此記敘：

帶有橫向皺痕的銅版色巨大岩石即為亞丁。險峻奇峰間可見宛遭祝融般破破爛爛的古代城牆。（中略）真是不毛之地。掘至一千五百公尺之深終於能汲水的水井，城郭內僅有一座。不可能有草木生長。（中略）幾乎不可能種植草木的土地——沒有水、暑氣逼人、熱風肆虐，不在這塊土地上便無法生存的人種亦然存在。莊嚴的險峻岩峰、天空、太陽與城砦，且如此極致而壯麗，是生活於此地人種所無從相比之美[50]：

48　高山謹一，二〇一三，頁一九七。
49　成島柳北，二〇〇九，頁二六八—二六九。
50　橫光利一，二〇〇六，頁四二—四四。

在同年，較橫光運約兩個月抵達亞丁的作家武者小路實篤，則留下「最不想居住的是亞丁，最想入畫的也是亞丁」的回憶[51]。

英國在自然條件極為嚴苛的亞丁建設殖民地，對此人們不時產生與成島柳北類似的感嘆。最早踏上此地的歐洲勢力是十六世紀初的葡萄牙人，經過葡萄牙和鄂圖曼帝國間的衝突競爭，十七世紀中葉以後亞丁為阿拉伯半島南部的蘇丹所統治，但又在一八三九年落入英國手中，為維多利亞女王於三七年即位後首次獲得的領土。據信其動機是為確保蒸氣船的煤炭補給基地，以及防範印度洋航路上的海盜襲擊。日本旅行者自六〇年代起來訪，正好是亞丁在英國統治下的快速建設期[52]。六九年蘇伊士運河開通後，亞丁在經濟和戰略上的重要性皆為提高，直到一世紀後的一九六七年，英國勢力退出蘇伊士以東而撤出軍隊為止，亞丁一直是扼守「英國之湖」（印度洋）西側的軍事要衝。

紅海

不管是停靠亞丁或過門不入的旅行者，接下來都將進入紅海。大部分人都受不了此處的酷熱高溫，但其中也有受紅海氣氛吸引者。

在結語提及二戰後的帝國航路時作為討論對象的作家遠藤周作，由於搭乘法國船隻因而沒有經由亞丁，而是停靠在非洲大陸側的法國殖民地吉布地（Djibouti），當時是一九五〇年六月。遠藤對吉布地的第一印象是：「街上空無一人，住家如同馬廄，光和建築物的顏色、還有海，一切都十分強烈。剛過正午，如同死亡般的城市。」然而觸動詩人韓波（**Arthur Rimbaud**）的吉布地光景，帶給遠藤強烈的衝擊，產生「總有一天，我必須寫下吉布地。／沒有比這個恐怕大部分乘客都不感興趣，什麼都沒有的城市更能撼動我的心。在這裡可以抓到些什麼。這座死亡的正午城市，確實可以成為什麼的背景吧。」的念頭[53]。遠藤在此地以及紅海的體驗，化作他的短篇小說處女作〈到亞丁〉。日後，遠藤如此自述這篇小說的執筆背景：

一個日本人搭乘老舊貨船，從蘇伊士運河穿越紅海。在切分東洋與西洋的此處，只

51　武者小路實篤，一九八九a，頁二二一。
52　R. J. Gavin, 1975, p. 99.
53　遠藤周作，二〇〇〇e，頁一五—一六。

能從甲板上看到泥濁的海和兩岸的不毛沙漠。／初次經過此處時，我幾乎整天都坐在甲板上，望著黃色的海和黃色的土。[54]

蘇伊士運河

紅海與地中海之間直到一八六九年前仍無法直接通行。旅行者們需從紅海進入蘇伊士灣，在蘇伊士下船後，搭乘一八五八年通車的蘇伊士鐵路，前往亞歷山大港或開羅。福澤諭吉便是在這裡初次體驗火車，受到強烈震撼，此事會在第二章中介紹。

一八六九年十一月蘇伊士運河開通，大幅改變了帝國航路的面貌。開鑿超過十年的運河建設工程完工，使得印度等東方世界能以水路直接與歐洲連結，這對歐洲人來說意義重大。據說曾有這樣一則軼事，運河通航後兩年，當史坦利（Sir Henry Morton Stanley）「發現」在非洲內陸失蹤已久的探險家李文斯頓（David Livingstone）時如此詢問：「您知道蘇伊士運河已經實現通航，歐洲和印度間能定期貿易了嗎？」[55]

運河開通後，有非常多旅行者詳細記錄航行過運河的風景，以及運河建設經過。比如，劇作家島村抱月在一九〇二年便描述如下：

兩岸荒野，平砂茫茫，在有著綠洲輪廓的地方，樹木間幾希透出點點燈光。思及彼處亦有生老病死，而孤寂莫名，蒼然如蔭之暮色從遙遠砂山之麓掩來，秋風肅肅不知吹向何方，開天闢地之曉，人間太古之寂寥亦如是乎。徘徊原人其中之記錄，終成聖書。[56]

蘇伊士運河通航時正值英法勢力擴張，但埃及仍是名義上屬於鄂圖曼帝國的獨立政權，尚未正式納入歐洲列強的版圖中。運河開通時可說是埃及統治者伊斯邁爾帕夏（Isma'il Pasha，在位一八六三—七九年）的全盛期。然而，為了建設運河等等的花費使埃及對外債務高築，最後伊斯邁爾在七五年將所有的蘇伊士運河公司股票賣給英國，更加強化英國在經

54　遠藤周作，二〇〇〇b，頁二八一。
55　Emily A. Haddad, 2005, p. 363.
56　島村抱月，一九二〇a，頁一二六。

濟上的影響力。對此產生反彈，為排除國外勢力干涉內政，確立憲政而起身對抗的便是艾哈邁德．阿拉比（Ahmed 'Urabi）。面對因「阿拉比革命」而動盪的埃及局勢，英國政府在投資埃及債權人的經濟利害、英印間海路安全性所涉及的政治軍事利益等複雜因素下，在一八八二年發動軍事行動，將埃及納入實質管轄範圍內。埃及雖仍保有自己的內閣，但實際上已是大英帝國的一部分。「阿拉比革命」也因此挫敗，阿拉比遭到逮捕並流放至錫蘭。他吸引了日本旅行者的強烈關心，亦有人成功與其會面，對此將在第三章中論及。

即便成為大英帝國的實質領土，埃及的宗主國仍是鄂圖曼帝國，並持續到一九一四年一戰爆發，鄂圖曼帝國加入德國陣營參戰與英國為敵，埃及才變成英國的保護國。一戰結束，埃及在一九二二年獲得形式上獨立，但英國對埃及的實質管轄延續到二戰後，直到五二年才因納賽爾（Gamal Abdel Nasser）軍事政變畫下休止符。然而英國支配埃及的意圖，要到五六年蘇伊士運河國有化及其後的發展（蘇伊士運河危機），才完全打消。

由此可知，蘇伊士運河是大英帝國極為重要的通道，而使用運河的船隻也以英國占壓倒性多數。不少旅行者記錄下運河使用狀況，根據一八九五年通過運河的陸軍軍人福島安正所記，九三年通過蘇伊士運河的船舶中，有兩千四百零五艘英國船、兩百七十二艘法國船，而日本只有一艘[57]。在此之後，由於一八九六年起日本郵船開始投入歐洲航線的營運，通過蘇伊士運河的日本船隻數量增加。在林安繁一九二二年留下的紀錄中，一戰剛結束的一九一九年中通過的船舶裡英國船共有一千八百九十八艘，日本僅次於此共四百一十四艘。排名第三是荷蘭一百七十五艘，第四為法國九十八艘。由此可見日本的存在感大幅上升[58]。

賽得港・開羅・亞歷山大港

蘇伊士運河通航前人們乘坐蘇伊士鐵路從陸路進入開羅，再前往亞歷山大港接續地中海航程（亦有旅行者不停留開羅）。而在運河開航後，許多旅行者則是通過運河在賽得港上岸，再以陸路前往開羅或亞歷山大港。參觀開羅周邊的金字塔和博物館，幾乎是旅行者們必去的行程。

如同一八八四年陸軍軍人野津道貫在賽得港寫下「港內來舶汽船三十餘艘宛如鴨隊（大

57 福島安正，一九三五，頁三三八—三三九。
58 林安繁，一九二三，頁三四。

抵係英法船），一見即知其通商貿易旺盛。岸上有電信汽船等各公廨鱗次櫛比。使吾人感到已脫離亞洲空氣，抵歐洲之域」[59]，通過蘇伊士運河進入地中海後，旅行者們強烈感受到目的地的歐洲不再遙遠。然而，無須參觀金字塔或博物館也能察覺，相較大部分旅行者所嚮往的歐洲，埃及擁有更遙遠悠久的古代文明，在性質上是和歐洲非常不同的國家。於一八八九年渡歐的日本人類學先驅坪井正五郎，便十分喜愛混合了亞非歐文化的亞歷山大港[60]。然而在一九〇〇年，竹越與三郎卻認為賽得港各種語言交雜的情景是「特為東西兩洋人醜惡之最代表」，對混雜的文化表示厭惡[61]。

許多旅行者都對埃及人生活貧窮、金字塔導遊的貪得無厭等負面印象留下紀錄。在此僅舉一例。一九一二年前往英國留學的經濟學者小泉信三，航程中寄回日本的信裡，儘管對上海、香港或是新加坡，都沒留下特別引人注意的感想，在為裝載煤炭僅停靠了三、四小時的賽得港，卻寫下這樣的信件：

> 賽得港市街實可怖之地。船泊處誠然風氣皆惡，然賽得港為以其極端惡弊而成之城市。原在此地上岸者，除如我等避煤炭粉塵之難，或等候轉乘至敘利亞、亞歷山大

港、布林底希（Brindisi）者外無他，賽得港市民必思如何由此等旅客榨取錢財，亦是當然。極端而言，全賽得港市人，皆盡哀怨脅迫誘惑詐欺等不正手段，以空旅客囊袋之類。[62]

而許多人都抱著這樣的疑問，古代文明曾輝煌之地，為何走向衰微且甘於附屬他國之下，並引起他們注意一八八〇年代初期試圖奪回埃及權力，卻遭挫敗的阿拉比。對尋著近代日本前途而踏上旅途前往歐洲的人們來說，懷抱著這樣的疑問和注意，可說是再自然不過。

59 野津道貫，一九八七，頁八〇—八一。
60 川村伸秀，二〇一三，頁一二七。
61 竹越與三郎，一九〇二，頁九二。
62 小泉タエ編，一九九四，頁二六—二七。

第二章

幕末動亂中

——一八六〇年代

一　尋找日本未來之旅

自由貿易帝國主義的年代

日本人的帝國航路之旅始於一八六〇年代，正好是自由貿易帝國主義（the imperialism of free trade）興盛的時代。自由貿易帝國主義是英國約翰・蓋拉格（John Gallagher）與隆納德・羅賓遜（Ronald Robinson）兩位歷史學家於一九五〇年代提出的論點。在此之前，對十九世紀英國勢力擴張的討論皆將焦點置於一八七〇年代後的帝國主義時代，把十九世紀中葉描寫成反對帝國擴張的「小英國主義」（Little Englandism）當道時代。蓋拉格與羅賓遜反對此觀點，強調即便在此時，當英國揮舞著自由貿易旗幟的同時帝國仍持續擴張。

亞洲的狀態便十分符合這個論點。一八四〇年到四二年的鴉片戰爭與五八年到六〇年的英法聯軍（第二次鴉片戰爭）的結果擴大了英國在中國的勢力，以及對印度的統治在五七年的印度大叛亂後更為加強等事例皆可為證。

日本則是在此局勢中被迫「開國」。關於此時期英國對日本的態度，日本學者提出相當多樣的見解。如遠山茂樹等學者認為其意圖偏重於「小英國主義」，並無採取將日本殖民地化的姿態；井上清等則認為其存在著將日本殖民化、從屬國化的意圖；石井孝等的看法是，中國才是英國所重視的市場，日本並非其矚目對象。

這些議論很難說已產生定論，無論如何，幕末旅行者們開始航行在帝國航路上時，英國在各停靠港的勢力正顯著地擴張。

這也是各種支撐帝國統治架構的建設年代。其中最重要的是建立起可提升遠距統治效率的通信網。傳送洲際電報的海底電纜自一八五〇年代開始嘗試鋪設，跨大西洋海底電纜於六六年鋪設成功。七一年連接長崎與俄國海參崴的海底電纜鋪設完成，可由長崎聯繫歐洲，七三年長崎與東京間電報線架設完成後，東京也能直接與海外通訊。

汽船取代帆船航行於大海，亦在此時。如第一章中曾提及，為使船隻更有效率地雙向往來歐亞間而開鑿的蘇伊士運河，則是在一八六九年通航。

幕末日本派出的人們

一八五三年培理（Matthew Perry）來航導致日本開國，反對開國的攘夷論浮上水面，並與批判德川幕府統治，希望能以天皇為政治中心的尊王論結合，尊王攘夷運動更加激烈。在國內政治動盪的背景下，無論是幕府方面、薩摩或長州等諸藩，都出現為尋找日本未來線索而遠渡歐洲者。其中有正式的使節團，也有透過偷渡手段者。

幕府首次派遣海外的使節團，是為了批准《日美修好通商條約》的一八六〇年（萬延元年）遣美使節團。團員橫越太平洋前往美國，回程則自大西洋南下繞行好望角跨越印度洋，並經荷屬東印度的巴達維亞（今雅加達）、香港。此後，不管是為了已承諾的新潟與兵庫開港、以及江戶與大坂開市的延期請求磋商，六二年（文久二年）派遣前往荷蘭、法國、英國等地的第二回遣外使節團（以下稱文久使節團），或六四年為關閉已開港的橫濱而派往法國的使節團、六五年為建設橫濱製鐵所的準備等而派往法國的使節團，皆是經由帝國航路出航。幕府也派出青年們前往歐洲留學，比如六二年赴荷的留學生一行，他們途中經歷了觸礁事故等災難，經由好望角航向歐洲。

在諸藩方面，一八六三年，採取攘夷態度的長州藩祕密送出留學生前往英國。包括井上馨與伊藤博文等五名留學生，由於誤解（說明希望學習海軍〔navy〕事務時，將海軍口誤為航海術〔navigation〕）而在繞行好望角的航程中被當成下級船員使喚。而薩摩藩也在六五年祕密派遣十五名留學生赴英，之後佐賀藩、廣島藩等也祕密派出了留學生。

日本派遣出海者對歐洲諸國和日本間的關係、以及日本的將來有何意義，在停靠港迎接他們的歐洲人也相當清楚。如報導文久使節團抵達香港的當地報紙《德臣西報》（*China Mail*）便分析，很難想像日本這樣的國家能在維持排外路線下又派遣如此的使節團，日本統治階層應該抱持著希望見識歐洲的強烈意志。並預測當他們見過英國事物後，返國時「將帶回關於我國港口和工廠的訊息，或許能抹去說不定日本人藏在心中，認為我國（英國）幾乎都在打仗的想法」[1]。

一八六〇年代後半，赴歐的人們變得更加多樣化。序章中曾介紹的《西洋道中膝栗毛》中，出場人物是為了參觀倫敦萬國博覽會而出航，實際上，六七年由清水德川家當主德川昭武所率領的使節團，即是為了視察巴黎萬國博覽會而訪歐。德川昭武在拜訪歐洲各國後前往巴黎留學，在此前一年，幕府發布了允許留學目的出海的通告[2]。巡迴藝人等也開始往來於帝國航路。然而，踏上航程的人數仍然不多。按推測，直到幕府倒臺，包含美國在內的出航西洋人數，留學生、觀察旅行者、藝人等約有一百五十名，由幕府或諸藩派遣出國者約三百餘人[3]。

他們在遠方遙想著日本的情勢，橫越大海。出國計畫因日本局勢變動而大受影響者不在少數。例如井上馨和伊藤博文，在接到長州藩與美英法荷四國艦隊開戰的情報後火速自倫敦返國，德川昭武則是在留學中因兄長德川慶喜大政奉還，日本進入明治時代，受新政府命令而歸國。

觀察者與緊閉雙眼者

大部分在此時期赴歐者，包括那些志在攘夷欲預先看過對手面目的人們，懷著各自立場為摸索日本的未來遠渡重洋，在沿途停靠港也展現了對知識的渴求。對此，與文久使節團一同從日本出發的英國外交官約翰・麥克唐納（John Macdonald）描述如下。

> 在香港停留時，他們對一切事務——統治方式、各項都市法規、中國居民是否受英國法律管轄、我國自何時起領有此島等等——不斷提出問題。（中略）（在新加坡時）

1 *China Mail*, 13 February, 1862.
2 石附實，一九九二，頁九八。
3 松澤弘陽，一九九三，頁四二。

由於從房間能清楚看到停泊著許多船隻的碼頭，他們詢問了許多和港口交易有關的問題。是否設有海關、領航員的雇用費大約多少、主要船隻來自何方、最常見的裝載貨物是什麼等等。4

不管是哪個停靠港，此時幾乎不存在日本居民。但並非完全沒有。曾在文久使節團停靠新加坡時前來拜訪使節團的音吉（也寫作乙吉），其事出現在所有留下遊記的團員的文字中。一八三二年，音吉搭乘的船隻在遠州海域遇難，經過漫長漂流後抵達美國太平洋海岸，又被印地安人賣到英國船上。三七年，希望將音吉送回日本的莫理森號（Morrison）卻因「異國船驅逐令」而遭受砲擊，此即為莫理森號事件。此後，錯失回歸日本機會的音吉前往上海，並在一八六二年後移居新加坡。但音吉五四年時曾因隨同英國遠東艦隊司令史特靈爵士（Sir James Stirling）前往長崎進行英日兩國交涉而返國，當時便見過福澤諭吉。對福澤來說，在新加坡是他第二次見到音吉。使節團一行人從音吉處得知當時發生在中國的太平天國發展情勢。

但音吉實屬例外，此時航行在帝國航路上的人們，所經之處感受不到日本或是日本人的存在。或可以說正因如此，才讓他們急切地收集資料。

然而，並非所有出航者都對所見所聞感到好奇，其中也有無法對新事物敞開心胸的人。比如文久使節團的副使松平康直（石見守）就對堅守日本風範相當執著，他斥責在香港換上新買鞋子的同行成員，表示應將其驅趕回國。以口譯身分與使節團同行的福地源一郎（明治時代的代表性記者）在回憶錄中以批判的筆調記下松平康直的態度，並感嘆正是如此態度，導致使節團即便在回國後，其巡迴歐洲的功績無論直接或是間接皆無法展現[5]。而這種態度，就如三好將夫《吾等所見》中描寫的，在一八六〇年的遣美使節團中已相當顯著[6]。

另外一方面，也有些人所懷抱的攘夷思想，因觀察帝國航路沿途停靠港口而淡化、消除。一八六三年祕密出海的長州藩士井上馨是個明顯的例子。抵達上海的井上，看到軍艦、汽船、帆船等數百艘船下錨停靠，船舶頻繁進出的繁榮盛況後，揮別攘夷志向。根據其傳記作者所敘，目睹上海榮景深深觸動了井上，彷彿大夢初醒。這樣的心情在經過漫長旅途在抵

4 John Macdonald, 1863, pp. 609-610.
5 福地源一郎，一八九七，頁七六—七七。
6 ミヨシ・マサオ（三好將夫），一九八四。

達倫敦，接觸到其繁華容貌後更加穩固，而「攘夷之念轉眼消散，不留痕跡」[7]。

二　與歐洲文明的相遇

歐風事物

使旅行者們感到驚訝，有時甚至能讓他們拋下攘夷思想的，是點綴著沿途停靠港的歐風事物。

一八六二年出發的遣荷留學生，在遭遇船難後抵達荷屬東印度巴達維亞，對當地的紅磚洋館、鋪設好的道路、馬車、瓦斯燈、電報大感驚訝。他們也參觀了醫院、煉鋼廠、國會議事堂等設施[8]。

而在一八六七年隨德川昭武訪問歐洲的澀澤榮一，日後回想當時對上海的驚嘆如下：

江岸皆設瓦斯燈、架電線、植行道樹，道路平坦，幾乎皆呈歐風。在此時我國煤油

> 燈仍屬稀有，以蠟燭為照明，實難想像地中埋管輸送瓦斯之事，何況以電線傳音信，若非切支丹伴天連*之妖術，實屬不可能。百聞不如一見，汽船設備雖已讓我佩服，然踏上歐洲土地前，於上海實地體驗西洋人科學知識之先進，痛切感受學習之必要。[9]

澀澤在行經香港、西貢的航程中逐漸習慣了歐風事物，到達新加坡時已無特別新奇的感受。然而，由於新加坡作為英國進出亞洲的據點，當地從碼頭建造方式、電線架設方法、馬車的安排配備等等，整體上「文明設備」已頗有發展，澀澤對此留下了印象[10]。

讓旅行者感到驚奇的，並非只有建築物或設施這樣的大型物。對文久使節團的同行者麥克唐納來說，使節們在香港初嚐冰淇淋滋味時的反應，似乎更是有趣。他記下了使節們的反應：當他們把一匙冰淇淋放進口中，先是感到驚訝，臉上表情立即轉換成笑容，並不斷地眨

7 井上馨侯傳記編纂會編，一九六八，頁九〇、九七。
8 田口俊平，一九八四，頁七一二；宮永孝，一九九〇，頁四二。
* 譯注：cristão padre，指基督教傳教士。
9 澀澤榮一，一九三七，頁一三四。
10 同前註，頁一三九。

著眼[11]。一八六五年薩摩藩赴歐留學生之一的松村淳藏，對出現在橫越印度洋航程餐點中的冰淇淋，則留下了在熱帶海洋上吃冰，甚為奇妙的感想[12]。

蘇伊士鐵路

在帝國航路上航行前，福澤諭吉曾在一八六〇年以遣美使節團訪問美國，因此停靠港帶給他的衝擊不算強，但也有讓他吃驚的。那就是橫越印度洋在蘇伊士上岸，從該處前往開羅時所搭乘的火車。當年的遣美使節團中，經由巴拿馬前往華盛頓的正使一行，在巴拿馬搭乘蒸汽火車，體驗到「車轟聲如雷，如視左右，三四尺間草木如條紋，無法看清。若視七八間遠處則不感目眩，有如乘馬奔馳」[13]。但只到舊金山的福澤等人沒有機會見到或搭乘蒸汽火車，直到隨文久使節團登陸蘇伊士時才初次體驗。福澤在蘇伊士搭乘的蒸汽火車在下午兩點出發，中途停留兩站，於午後七點半抵達開羅，扣除停車時間，在五小時又兩分中行駛了七十二里（二百八十三公里），此速度讓福澤感到佩服[14]。搭乘同一列車的市川渡（清流），則將此初次體驗的興奮形容為如閃電奔馳千萬里之外[15]。英國駐日總領事阿禮國爵士（Sir John Rutherford Alcock）為支援文久使節團而緊接其後返英，隨行的淵邊德藏也同樣描述了火車速度為比馬奔跑要快、從車窗眺望左右則看不清近處物體形狀，稍遠處才能辨別[16]。搭乘火車的經驗帶給他們相當的衝擊。

三　歐洲與亞洲的落差

對照般的住家

停靠港的歐風事物讓旅行者們留下強烈印象，是由於其本身的新奇感，加上與周遭當地事物的強烈落差所造成。其中，讓旅行者們最明確感受到差異的就是住家。

11 John Macdonald, 1863, p. 609.
12 松村淳藏，一九九九，頁一〇。
13 赤松範一編，一九七七，頁九九。
14 福澤諭吉，一九七一，頁一五。
15 市川渡，一九九二，頁五三。
16 淵邊德藏，一九八七，頁三一。

圖9　蘇伊士鐵道之圖（高嶋祐啓《歐西紀行　卷三》，國立國會圖書館藏）

市川渡詳細描述了停留香港時所入住的商務旅館，其為紅磚造三層西洋建築，石製階梯螺旋向上，共有二十間房，每間正面牆上都懸掛著大型鏡子。而對香港街頭中夾雜的歐洲與中國人住家，則以前者大部分皆為三層紅磚建造的大建築物，相較下後者則是木造二層，大小只有約三間到三間半，強調其差異[17]。

文久使節團並未停靠上海，緊跟其後的淵邊德藏在停留上海時，留下了當地風景宛如水墨山水畫極富意趣，以及外國人住家為三、四層高建築，相較下中國人住處狹小不值一見的評論。而在對新加坡的感想則是，「土人」（馬來人）住的是椰子樹葉屋頂的寒磣住家，漂泊而來的中國人住家亦是如此[18]。

而一八六二年日本遣荷留學生之一，洋學者津田真一郎（真道）對船難後抵達的巴達維亞的住家則留下這樣的記載：相對於西洋人宅邸皆宛如宮殿，中國人住屋類似日本商人之家，「土人」所住小屋則極其貧乏可悲，有如日本貧農之家[19]。

這些住家的比較，與停靠港中歐洲人與亞洲人關係的觀察相互連結。在市川眼中，香港的中國人過去雖曾是泱泱大國子民，如今淪落受野蠻英國人驅使宛如奴隸，是自作自受。津田則認為，歐洲人多為大商賈而小商人少，但中國多是小商人，而「土人」則似奴隸。

前面介紹過澀澤榮一在上海對歐洲文明感到驚嘆，他也對歐洲人如對待牛馬般使喚中國人，握著鞭子監督的狀況感到驚訝，並對中國人方面不僅不以為怪，甚至視為理所當然一事，留下強烈的印象。澀澤回憶起當時見到此狀況，不禁讓他感到，即使是在東洋曾繁盛一

17　市川渡，一九九二，頁三八、四一。

18　淵邊德藏，一九八七，頁八、一七。

19　津田真一郎，一九八二，頁五二二。

時的大國國民，與歐洲之間在文化上也有著顯而易見的差距[20]。

臭味與「不潔」

旅行者看向屈從於歐洲人的亞洲人的眼中，時常伴隨著將亞洲人視為「不潔」且「野蠻」存在的態度。

曾於福澤諭吉的慶應義塾就學，並在一八六三年擔任第二代塾長的岡田攝藏，一八六五年時前往英國和法國。他在驚嘆上海繁榮的同時，也寫下土人因生來怠惰而無法維持恆產，每日沉溺於玩樂，容易在歐洲商館行竊，以及相較於歐洲商館景況蒸蒸日上，「支那人居住區域不潔而少富者」[21]。

「不潔」感在當時遊記中四處可見，但促使其形成的最大因素，是瀰漫在停靠港中的臭味。雖非赴歐旅行者，一八六二年以幕府使節隨行人員訪問上海的長州藩高杉晉作記下對停泊當地商船、軍艦數量之多、商館宛如城郭感到佩服，另一方面，居酒屋或茶店雖與日本相同，卻散發著十分可怖的惡臭。高杉認為水可能是許多同行者染病的原因，並表示應留意土人的臭氣薰人[22]。六四年的遣歐使節團成員杉浦讓，則對上海留下道路狹窄髒亂，且餐館散發臭味讓人反胃的強烈印象[23]。

臭味也常出現在開羅的紀錄中。根據文久使節團的市川渡的觀察，開羅這塊土地上的人民其風俗愚陋狡猾，且工作懶散，街道上總是充滿著髒污垃圾和惡臭異物[24]。若借用一八六六年祕密赴英的薩摩藩中井弘的說法，開羅街頭的骯髒程度和中國不分軒輊[25]。

關於臭味的紀錄，亦散布在第三章及其後時代的遊記中。例如在一八九二年赴歐記者池邊三山的眼中，上海是個街道狹窄、臭氣刺鼻的都市[26]。而更後面一些的時代中，如一戰結束後不久就出海留學的矢內原忠雄，便記下在新加坡搭乘巴士時，因車內中國人、馬來人、

20 澀澤榮一，一九三七，頁一三五。
21 岡田攝藏，一九八七，頁四八四。
22 高杉晉作，一九一六，頁七六、七八。
23 杉浦讓，一九七八，頁一二八。
24 市川渡，一九九二，頁五四。
25 中井弘，一九六八，頁二八七。
26 池邊三山，二〇〇二a，頁一八。

印度人臭氣薰人，回船後只好噴灑香水驅逐臭味[27]。

關於氣味的社會意義，阿蘭．柯班（Alain Corbin）所著《氣味的歷史》（*Le Miasme et la Jonquille*）是以十八到十九世紀法國為主要對象的優秀研究[28]。科班從身分、階級的差異切入來討論臭味這個主題，雖未論及其與不同人種或民族間的關係，然而異質的、讓人厭惡的氣味，與階級差異相同，在人種及民族差異感中更加地緊密連結到優劣感覺上。與人種的差異感覺，最容易連結的是視覺（尤其是膚色差異），然而嗅覺也扮演了相當重要的角色[29]。日本旅行者從停靠港中亞洲人們所散發的臭味，以及因此加深的不潔感中，感受到了他們的「野蠻」性。

四　對殖民地化的警戒與日本的未來

福澤諭吉與帝國航路

然而，在停靠港所感受到的「野蠻」因各人而有差異，在此將以福澤諭吉為例進行探討。

福澤將其隨文久使節團穿越帝國航路時的航程紀錄，匯集成〈西航記〉，這份紀錄並非事事詳盡，但其中包含幾處福澤對亞洲人的印象。

文久使節團首先停靠在香港。抵達香港的福澤寫下「香港土人風俗極其鄙陋，皆做英人使喚。或有與英人共同開店買賣者，此輩多來自上海廣東，並非香港土人」[30]，在藐視香港當地人的同時，對上海或是廣東出身者的商業才能表示認同。對接下來停靠的新加坡，則給予「新加坡亦全面服從英國統治，然其土人之勇敢才力，無出支那人之右」[31]的評價。在新加坡聽到音吉帶來的太平天國消息時，福澤雖以「長髮族」（太平天國軍）「本為烏合之眾不知用兵之法」[32]全盤否定太平天國軍能力，然而應注意到福澤對亞洲人的評價中，並非僅有

---

27 矢內原忠雄，一九六五，頁五一〇。
28 阿蘭．柯班（Alain Corbin），一九八八。
29 竹澤泰子編，二〇〇九，頁一一。
30 福澤諭吉，一九七一，頁九。
31 同前註，頁一一。
32 同前註，頁一二。

圖10　福澤諭吉

充滿輕蔑的否定意味。

船隻離開新加坡後，停靠錫蘭的亭可馬里以及加爾。福澤對錫蘭島上人們的感想是，不管氣候還是人物皆與新加坡完全相同，這是粗魯且不正確（錫蘭當地幾乎沒有中國人）看法[33]。之後，經過印度洋漫長航程抵達亞丁，福澤也只留下「土人的習俗與印度人大同小異」一句話[34]。

橫越紅海到蘇伊士的福澤，如前面提過，他在初次搭乘火車的驚異中抵達開羅。他如此描述開羅當地人的狀態：「城中蕭條多貧者，其民頑陋怠惰，不勤於生計。法律亦極嚴苛。（中略）土人皆惡為兵卒，百方以避之，或自傷其眼、斷其指，以逃官責[35]。」中東研究者酒井啓子注意到福澤的看法，嚴厲批判此為「視埃及社會為貧困、不潔而厭惡，並斷言埃及的『落後』是來自於『怠惰』的國民性、『嚴苛』的伊斯蘭教法。福澤堅決不與中東諸國站在『同一邊』，這是徹底的歧視」[36]。福澤在此確實僅以歧視眼光看待當地人。

近年，思想史家安川壽之輔在對福澤思想進行的全面性批判當中，強調福澤始終抱持著歧視亞洲的思想[37]。此見解基本上無誤，然而仍需在此指出，這是當時旅行者們的普遍想法，以及僅就〈西航記〉所見，如前所述，福澤並未全盤歧視亞洲人。另外，福澤在明治維新後一八六九年所著《掌中萬國一覽》中有一節是〈野蠻文明之分〉，將人類自下等起劃分成「渾沌民」、「野蠻民」、「未開化民」、「開化文明民」，將阿拉伯及北非等「土人」歸為「野蠻民」，中國、土耳其、波斯人則被分類為「未開化民」[38]。

在往來歐洲途中看著遭受英國人役使的亞洲人，福澤所想的是日本不能復蹈其轍，必須成為強國的重要性。

關於此，福澤在二十年後一八八二年末於《時事新報》連載的〈論東洋政策〉中有所回

---

33 同前註，頁一三。
34 同前註，頁一四。
35 同前註，頁一六。
36 酒井啓子，二〇一三，頁三八。
37 安川壽之輔，二〇〇〇。
38 福澤諭吉，一九六九，頁四六三—四六四。

憶，篇幅略長，引用如下：

我於十數年前往來海外滯留歐美諸國時，常因其國人之薄待而多感不快。英國之士人乘船離開至印度洋，登陸所轄海岸之地，又於支那及其他地方專擅於威柄，統御土人之狀旁若無人，幾乎不似對待同等之人類。當時我見此景獨自心想，印度支那人民受英人之苦是多麼煎熬，然英人作威作福又是多麼愉快，既對其中一方感到憐憫，又羨慕另外一方。我等日本人總有一日亦將宣揚日本國威，不僅要仿效英人統御印度支那之土人等，又要痛擊英人收東洋權柄於掌中。壯年氣盛時如此於心中暗自誓，如今仍不能忘。[39]

福澤這段文字，過去亦有其他學者討論。如松永昌三注意到福澤在回想中以「當時」為界，從對歐洲人的批判性文字轉為吐露對歐洲（英國）的羨慕之情，心中所懷不僅是效仿英國，還盼讓日本成為在東洋凌駕英國之國[40]。福澤寫下日本邁向強國化、殖民帝國化的決心，並斷言「亞細亞東側出現一大新英國，絕非難事」[41]。

不能忘記的是，這些敘述不過是福澤的回想，首先反映的是他在一八八〇年代時的態度。如同年春天福澤提供《時事新報》的〈朝鮮交際論〉中寫著「日本強大然朝鮮弱小。日本既已進入文明，而朝鮮尚未開化」[42]。此時距離引起爭論的〈脫亞論〉發表，還有三年。六〇年代航行於帝國航路時，福澤這般決心有多深刻具體，實際上無法得知。但此經驗對福澤來說，確實有著相當重大的影響。

在此需強調的是，在亞洲「出現一大新英國」的態度，並非福澤獨有。

「東方中的歐洲」之志

與福澤同為文久使節團成員的柴田剛中，在香港時於日記中寫下「港口海岬有一屋宇，傾倒崩壞無法居住。此為昔日英乞借於支那，僅一區之地，建一屋宇，而為掠奪香港全土

39　福澤諭吉，一九七〇b，頁四三六—四三七。
40　松永昌三，二〇〇一，頁一三五。
41　福澤諭吉，一九七〇b，頁四三七。
42　福澤諭吉，一九七〇a，頁二八。

基礎之屋，近日法國於我對州地（對馬）建一屋宇之事，莫非如出一轍，可戒」[43]。而同團成員益頭駿次郎亦描述香港為「在清國與英國戰爭後全為英國所屬，土人清人附於英夷，不聞清朝政令而聽英治約已二十年。此港留有清官吏一、二人，其權為英夷所奪，如同木偶」[44]。看著在英國統轄下僅過了二十年的香港狀況，他們強烈地抱持著日本絕不可復蹈其轍的想法。

大多旅行者認為，日本和陷入這般命運的地區不同。前面提到文久使節團成員之一的市川渡認為中國人淪為英國人驅使之身是自作自受，對埃及亞歷山大港，他也感慨寫下這塊曾極其繁榮的土地，因其民甚為愚陋懶於工作而逐漸衰退，留下來的只有過去的殘影[45]。這趟旅程讓市川深刻感觸到，不管曾經如何繁榮，若人民習性衰敗，便不得不屈從他國。在上海寫下「遲於世界開化之期，以其國為第一而妄自尊大之習性（中略）尚因循舊政，日陷於貧弱」[46]。批判中國狀態的澀澤榮一，日後回想當時所見的亞歷山大港，亦是「位於文明進步歐洲之側而明顯遲於開化，其陋習之不能改亦為重要原因」[47]。第一章曾說明，亞歷山大港所在的埃及雖屬於鄂圖曼帝國，但因歐洲的壓倒性影響力，激起意識著過去繁華的旅行者們的強烈感觸。柴田剛中筆下的開羅面貌，是自開拓以來兩千年的土地，曾經傳統輝煌，今沾染歐洲各國風氣，人民變得近乎遲頓[48]。

因此大多旅行者都感受到了日本不可步上中國或是埃及後塵，應對抗歐洲，站上世界舞台的必要。此意向性展現中最容易明白的例子，為一八六六年基於英國外交官巴夏禮爵士（Sir Harry Smith Parkes）建言，受幕府命令啟程留學英國的川路太郎（寬堂），在上海到香港的船程中所記下的文字。

> 滿船中以英國人權勢最甚。而侍者亦奉歐洲人為上賓，對待日本人則最為粗忽。實在非常遺憾。願我政府早日與海軍，建造我邦飛腳船，使吾國人乘之，若能橫行四海，

43 柴田剛中，一八六二，沿用君塚進氏之解讀。

44 益頭駿次郎，一九八七，頁一二八。

45 市川渡，一九九二，頁五八。

46 澀澤青淵記念財團龍門社編，一九五五，頁四六五。

47 澀澤榮一，一九三七，頁一四五。此段關於亞歷山大港的記敘，引用自澀澤在航行六十年後，根據日記寫成的自傳。原本的日記中僅寫著「此港為地中海之要港，貿易繁榮土地富饒」無與引文相符的文字。

48 柴田剛中，一八六二。

旭章之御旗可揚，邦人權威亦可生，日夜祈之。又退而思之，今國威光耀海外為時尚早。可驚哉，彼支那如此大國，竟不備一軍艦、無一隊兵卒，而以迂闊飾詞自為尊大、鄙歐人。然於英國飛腳船，支那人費鉅額亦不得入其一等艙房。此度訪上海支那領所見，或因其風俗季世，狀似乞食者多，民面露愚昧之貌。上海城等地城壁毀壞，彈砲一發便可容易陷落之。以此思之，亞細亞洲各國中，應橫行四海者僅有日本。余思二、三十年後，可成一東方大島之歐洲。[49]

此後，川路穿越印度洋到達亞丁，進入紅海後，再次因紅海要衝屬英國管轄而感到驚訝，他嘆息著亞洲的肥沃土地，香港、新加坡、亞丁，甚至紅海主要島嶼皆為英國所有，而東方諸國卻正邁向毀滅，並寫下「願我皇國早興海軍橫霸天下，盼光耀皇威」[50]。

三十年後，在一八九〇年代，日本確實以東方的「歐洲」開始踏上帝國主義之路，進入明治時代後從大藏省官吏轉職為教育者（其學生包括經濟學者大內兵衛、日本文學者高木市之助等人）的川路，在帝國航路上的預言成真。不過，「二、三十年」當然是沒有半點根據的預測。與川路同一年於六六年前往英國的中井弘，在去程尾聲的地中海上表示，日本以富強為目標的同時，需秉持慎重的態度面對急遽的變化。他認為，若要在短時間內將日本民眾導向西化，將因人們步伐不一徒招混亂。在中井的想法裡，歐洲國家在世界上橫行霸道，也是數百年沿革下，各國人民在整體上努力富國充實的結果，並非突然的發展[51]。然而，在中井出發後兩年，日本迎向明治維新這個巨大變革，以相當急躁的形式摸索成為強大國家的方法。

49 川路柳虹，一九五三，頁一六八—一六九。
50 同前註，頁一八一—一八二。
51 中井櫻洲，一九六八，頁二九〇。

專欄一　漢詩中吟詠的帝國航路

幕末到明治初年期間踏上帝國航路的旅人，許多皆藉著漢詩寄託旅情。其中最著名的一首，是一八六六年密航赴英的中井弘從阿拉伯海進入紅海，眺望非洲大陸後寫下的[52]。

煙鎖亞羅比亞海
雲迷阿非利加洲
此身遙在青天外
九萬鵬程一葉舟

（霧化作煙籠罩著阿拉伯海，雲在非洲大陸上徘徊。此身來到遠離日本的青天下，就好像我划著小船，航行在大鵬鳥飛越的九萬里之路上。）

這首在今日的詩吟中也常被吟唱的漢詩，壯闊地詠嘆出旅人們在遠離日本的航道上的心境，廣為此後踏上帝國航路的日本人所知。例如一戰期間前往地中海的海軍軍人片岡覺太郎，當船駛離亞丁港時，他在甲板上來回徘徊，口中不經意念出詩句，然後「當詩句衝進耳中振動著鼓膜，我才突然驚覺到，自己低聲吟詠著的，是中井櫻洲山人的詩作」[53]。

一八八四年前往德國的森鷗外也曾起興寫作漢詩，在停靠香港期間便寫下兩首。在此引用其中一首[54]。

開釁當年事悠悠
滄桑之變喜還愁
誰圖莽草荒煙地
附與英人泊萬船

52　同前註，頁二八六。
53　片岡覺太郎，二〇〇一，頁六四。片岡所引用的詩句「此身遙在青天外」的此身為「客身」，亦為此詩流傳相當廣泛的版本。
54　森鷗外，一九七五，頁七七。

（鴉片戰爭已成遙遠過去。此地變化激烈如滄海桑田，既讓人感到欣喜又應為此憂愁。有誰能料想到，這塊曾荒草蔓生而無人煙之地，讓給英國人後，變成如此多船隻停泊的地方呢！）

鷗外來訪時，香港成為英國領土已近半世紀，此詩生動地描述了這段期間的香港變化。然而，也有漢詩含有本書中強調的蔑視亞洲人的表現。第三章中將提及一八七二年成島柳北在新加坡所作漢詩的最後一句，在此先介紹全詩。

幾個蠻奴聚港頭
排陳土產語啾啾
捲毛黑面腳皆赤
笑殺賣猴人似猴

（好幾個野蠻的當地人聚集在港口，排列著土產品談話的模樣，就如鳥如蟲鳴叫。捲髮黑皮膚，所有人的腳都帶著紅色。讓人大笑的是，販賣猴子的人類長得跟猴子一模一樣。）

這首詩可以說當旅人將旅途上的感受清晰地轉化成詩句時，十分明確地表現出其意識的一個良好例子。

第三章

目標建設明治國家

——一八七〇～八〇年代

一　帝國世界形成階段中的旅行

帝國世界形成階段的世界

當日本因明治維新走上新的道路時，世界也開始展露出巨大的變化，這是「帝國主義時代」降臨，也是筆者所謂「漫長二十世紀」的開始[1]。一八七〇年代起到八〇年代間，原本並未持有殖民地的比利時、德國也加入獲取領土的行列，而英法等國則加速帝國擴張。殖民地擴張競爭在世界各地展開。

競爭首先在非洲大陸激烈化。歐洲諸國在十九世紀前半時已注意到非洲，尤其重視供給美洲大陸和加勒比海地區黑奴的西非，但歐洲勢力的影響只限於沿岸地區。然而到了十九世紀後半，歐洲諸國的注意力也延伸到非洲內部，因瓜分非洲產生衝突。在德意志宰相俾斯麥主導下，一八八四到八五年間召開的柏林會議中決定了「最初占領的國家需透過通告其他國

1　木畑洋一，二〇一四。

家，以獲得該地區的占領權」的非洲分割原則。該協議雖不可能按字面執行，然而此原則的出現，是將占領殖民地視為理所當然的時代潮流最佳註腳。

殖民地擴張競爭幾乎同時在非洲和太平洋海域展開，不久後也在亞洲升溫。結果，由於殖民地統治帝國的分割，世界的樣貌被大致劃分成統治者和被統治者兩大塊。這樣子的世界被稱為帝國主義世界體制（以下簡稱為帝國世界）。帝國世界的完成是在次章所討論，自十九世紀邁向二十世紀的世紀轉換期中，日本在此時期扮演了重要的角色。而本章所處理的一八七〇、八〇年代，則是帝國世界的形成階段。

帝國世界的形成，雖然很大一部分是仰賴歐洲諸國強大的經濟及軍事力量，但在背後支撐著的，則是將歐洲所體現的「文明」對「野蠻」人統治正當化的思考。肩負文明的歐洲統治落後的殖民地是理所當然，這種觀念（可稱為「帝國意識」的心態）在被統治者這邊也被廣泛地接受。

近代國家日本的摸索

明治維新後，日本在這樣的世界中摸索著如何成為近代國家。從此，歐洲諸國的政治、經濟、社會的制度和模式便意味著是日本應當參考的範本，明治政府則致力於以各種形式導入歐洲事物和制度。這被視為加入文明國家行列的保證。

招募各領域專家來日本直接指導的外國人雇用制度，雖然在幕末已經出現，但其人數在進入明治時代後急遽增加，一八七四年時達到高峰的八百五十八人。其中英國人（然以蘇格蘭人為多）占超過半數，其次是法國人。

另一方面，從日本赴歐或赴美，在當地吸收西洋文明的人們也開始引人注目。前往海外的人數在進入明治後上升。一八六八年（明治元年）到八一年（明治十四年）為前往海外而發行的旅券數量，累計共一萬五百一十六人（年平均約為七百人），八二年增加至一千二百七十四人，八五年為三千四百六十一人，八八年為六千五百五十二人[2]。雖然如此，和後來的時代相較下旅行人數仍是相當有限。他們大部分是為了考察學習目的地文化或制度，以作為建設明治國家的參考而出發。其中最典型的例子，是七一年到七三年間遊歷歐美諸國的岩倉使節團。這個使節團由岩倉具視率領，團員包括木戶孝允、大久保利通和伊藤博文等明治

2　丑木幸男，一九九五，表一。

維新的主要人物，首先前往美國，再橫渡大西洋至英國各地考察，並訪問歐洲大陸法、德、俄等十個國家。關於參訪各地所見所聞的詳細紀錄，由日後以歷史學家聞名的久米邦武執筆編纂成《美歐回覽實記》，至今仍被廣泛地閱讀。岩倉使節團經由帝國航路從歐洲返日，《美歐回覽實記》中關於回程的記敘，將在接下來的部分討論。

岩倉使節團目的是全面性視察歐美文化。因此，例如在英國，他們參觀了博物館、學校、造船廠、軍港、動物園、國會大樓、造幣廠、郵局、各種工廠、監獄、法院、期貨交易所等等，十分多樣。另一方面，也有許多人是為了視察各別的專門領域前往歐洲，他們在停靠港也會注意觀察相關的事物，以為歐洲視察的準備作業。例如為學習警察事務而在一八七九年赴歐的川路利良大警視，在香港時視察了警署和監獄。川路同行成員之一的佐和正則注意到新加坡巡警的生態，對他們赤腳站著或是久坐在店裡聊天的樣子留下批評[3]。又，為了視察軍事形勢而在八四年赴歐的陸軍卿大山巖，在香港訪問了步軍軍營，對此，其隨員野津道貫留下極為詳盡的觀察紀錄[4]。八六年渡歐的前陸軍中將，當時的農商務大臣谷干城也在香港參觀了軍營和砲台[5]。一八八四年航向帝國航路的森鷗外，以醫學家角度詳細地觀察了香港醫院，並寫下生病的士兵皆為印度人、高燒者多而沒有花柳病（性病）患，以及看護室中服裝鮮豔美觀等等感想，也是其中一個例子[6]。

依光方成是在明治前半時期裡，帶著明確的問題意識踏上旅程，並留下紀錄者之一。他並非經由帝國航路前往歐洲，而是在一八八五年抵達香港後前往福州、天津、上海，輾轉於中國沿岸後再回到香港，出發至西貢、曼谷、婆羅洲、仰光、新加坡，又經由錫蘭繞好望角航向美國，在紐約停留半年後前往比利時、法國、英國，再次回到美國，然後踏上歸途。依光耐人尋味之處，在於其旅行動機是為了讓日本了解外國下層社會。他將目標設定在觀察外國下層民眾的狀況並與日本現狀比較，藉此「稍微緩和我國國民浮誇的熱情，一新社會耳目」，因此他一邊在搭乘的船上工作，一邊旅行。無論是中國還是東南亞各地，下層民眾對何謂人民權利一無所知，做出如此結論的依光，直到抵達美國後，才在無論男女的下層民眾

3　佐和正，一八八四，八丁裡。
4　野津道貫，一九八七，頁四一二—五一。
5　谷干城，一九一二，頁四四五—四四七。
6　森鷗外，一九七五，頁七七。

身上感受到政治意識。他在教育中尋找造成如此差異的主要原因[7]。像依光這樣抱持所謂底層觀點踏上旅程的人，在此時期屬於特例，幾乎所有旅行者都是懷著日本精英意識前往海外。關於他們在帝國航路上對歐洲殖民地統治產生什麼感觸，接下來將先就久米邦武和中江兆民這兩位岩倉使節團成員，來進行討論。

二　歐洲文明與殖民地統治——久米邦武與中江兆民

以久米邦武為例

前面提過，岩倉使節團去程經美國抵達歐洲，回程由帝國航路返日。亦即他們在視察過歐洲後才前往歐洲殖民統治的地區。

接下來將先聚焦於久米邦武。由於久米是《美歐回覽實記》（以下稱《實記》）所具名的編纂者，目前為止的研究皆將《實記》中的見解視為久米的看法，本書亦同。

相較於前面歐美諸國的紀錄，《實記》對歐洲返國途中的敘述雖然簡潔，仍包括了相當的資訊。關於《實記》已累積不少研究，久米在回程中的論述，使節團研究第一把交椅的田中彰等人也進行了十分詳盡的分析[8]，因此似乎無須多提，但久米的所言仍然值得再次的注意。

首先必須指出一點，對已接觸過歐洲文明的久米而言，列強的殖民地擴張是理所當然。在即將駛出紅海的海面上，久米想到英國以印度和澳大利亞為寶庫，他認為若非國民意志力強大，便無法發揮如此強大的國力，比起技術或是財貨，人民的意志力對國家盛衰影響更大。隨後久米看見亞丁的狀況，更加確定自己的想法，道出以下論述：

今歐洲各國文明相競富強，（中略）終年堅定於操持產業，盡每日之力而止。然於熱帶地方，其家家之生計，無須要於備防寒衣服，無緊要於防家屋風雨。（中略）因此，**苦勞心智，耐於艱險，而起事業之志，亦應據何而生**（中略）。國之貧富，非以土地之肥瘠、民之眾寡，亦非以其資性智愚，**惟由其地之風俗、能勤勉於生理之力之強弱**

7　依光方成，一九八七，頁三二、一三一—一三二。
8　田中彰・高田誠二編，一九九三，頁三九—四二。

而定（中略）。自歐洲巡航亞細亞之地，見其土民而對此多生感慨。[9]

據久米在錫蘭加爾的觀察，當地環境中終年不缺果物，因生活容易，人民遊惰，在太陽高照下醒來，無意義的長生而不知生活苦。他們輕鬆度日中不教育小孩，習慣讓孩子四處向來客討取金錢[10]。

圖11　山口蓬春《岩倉大使歐美派遣》（聖德紀念繪畫館藏）

久米以此可稱為氣候風土條件決定論的觀點來解釋歐洲的統治。他眼中的錫蘭人相當於「純粹的太古之民」，雖然舉止有禮，然「缺乏洗練精進之氣」，亦無「才識上達者」[11]。

橫越印度洋抵達蘇門答臘附近時，久米比較了歐洲各國對待殖民地的態度。他認為，由於西班牙等早期實行殖民地統治國家，在追求利益時對「土人」橫暴殘酷，引起殖民地反彈而失去不易獲得的利益，英國有鑑於此，以寬容為宗旨，首先實行教育，採取能讓人安心生活的和緩路線，因此英國的殖民地統治才能擴展壯大。這樣對待殖民地的態度，在當時也依舊保留了下來，「目見歐洲航客之狀，英人待夷人頗有親和之感，西、葡及荷人則大抵橫暴」[12]。

久米又針對來到亞洲殖民地實際活動的歐洲人做出值得深思的評論。他認為在亞洲尋求利益之徒大多是母國的無賴，或在故鄉待不下去的罪犯，最後因為無法融入人群而出國，其評論如下：

在東南洋謀生者，多為文明國家所棄之民。若因同有白膚紅毛，而視為文明之民，有時誤謬甚已。此等之民，爭相至屬地，欺凌其土人。即以土人無知，亦幾不能忍。尤

9　久米邦武編，一九八二，頁二七四—二七五。強調為原文。
10　同前註，頁二八八。
11　同前註，頁二九二。
12　同前註，頁三〇七。

如西葡，其民俗尚未完全浸習於文明寬大之風，因此仍多狡獪之徒。至於蘭人，於國內為勤儉良順之民，而其去東南洋者，猶見其舉動暴亂侮慢，雖誇耀歐洲文明，高唱一視同仁之論，然其應行仍未及其言。[13]

久米以西班牙、葡萄牙、荷蘭為例，強烈地批判殖民地中的歐洲人。在此需注意的是，英法不在其批判的例子中。更重要的是，這個對離開歐洲者的批判，與對歐洲文明的評價是分割開來的。這些來到亞洲的，不過是遭到歐洲文明放逐者。久米認為，不該以到亞洲的人來判斷歐洲的文明，而對以文明國自居的日本而言，赴歐者亦首先要留心於品行。

需注意的是，認為受惠於殖民地統治的從歐洲來到亞洲者，大部分是被歐洲文明掃地出門的人，這並非是久米獨有的觀點。如一八六六年幕府派遣留學生赴英時以監督身分同行，明治時期（一八七一年）以《西國立志篇》為書名，翻譯出版山繆爾．斯邁爾斯（Samuel Smiles）的《自己拯救自己》（*Self-Help*）而聲名大噪的中村正直，在為中井櫻洲《漫遊記程》（一八七八年）所作的序中，便指出英國人分成歐洲的英國人和亞洲的英國人兩種。自開國以來日本所見並屢屢招致爭議的，是亞洲的英國人，他們與勉學敬神的歐洲英國人不同，中村認為，這就像英國薔薇移植到亞洲後消失了香氣，是一樣的道理[14]。在八二到八三年間訪問歐洲的板垣退助也認為，到亞洲虐待東洋人的歐洲人，大部分是在本國無法工作、貪得無厭者，這樣的人現身東洋只顧鑽營私利，早已喪失正道與公正性[15]。對於中村正直所提出的論點，松澤弘陽評為「將此時代英國的兩個面向，其中赤裸競逐權力和財富的一面全部歸因於亞洲殖民地及通商口岸的英國人，而對英國本身則僅著眼於黃金時代自由主義的部分，以此方式完全分割兩者。本國，也就是『真正的』英國，則形成相當光明、安定的形象」此評論套用在久米和板垣上也十分貼切。

總結來說，對久米邦武而言，歐洲對亞洲的殖民統治是理所當然的事態，在帝國航路上所觀察到的殖民地統治，也無法促使他對歐洲文明或是歐洲國家本身產生任何懷疑。

13　同前註，頁三〇八。
14　櫻洲山人，一九六八，頁三〇二。
15　自由黨史編纂局編，一九五八，頁三二二。

以中江兆民為例

相對的，中江兆民對停靠殖民地時觀察到的歐洲人生態所抱持的批判觀點，觸發了他對歐洲各國本身的疑問。

先後在長崎和東京學習法文，出身土佐藩的中江篤介（後號兆民），向此前毫無交情的薩摩藩出身大藏卿大久保利通熱切請求，以法國留學生身分加入岩倉使節團，經由美國赴法。中江在使節團回國後繼續留在歐洲，留學巴黎及里昂，一八七四年四月離開法國，以帝國航路返回日本。這大約是在岩倉使節團主要團員久米邦武等人巡訪完各國踏上歸途後九個月的事。

中江在八年後的八二年八月起於《自由新聞》上共刊載三回的〈論外交〉文章中，提及了這趟返國之旅。內容略長但仍引用如下。

> 仗恃己身強大輕賤弱者，傲己國文物侮辱他國鄙野，此惡習由來已久，欲以一朝除之，亦實非易事。（中略）吾嘗航行印度洋，泊賽得港、西貢等諸港，上岸漫步街頭，

英法諸國民至此地者，意氣傲然無所顧忌，待土耳其及印度人以非禮，不如豬狗，心中若有不快，即揮杖叩之，或揚足而蹴，路過見者恬然無怪。思土耳其印度之民，頑陋鄙屈而乏堂堂氣性，雖為自取其辱，然歐洲人自稱文明而行此道，謂之何哉。（中略）土耳其印度之民亦為人也。我之文物制度，果豐備整齊足為人世之美乎。每見世間蒙昧之民，宜循循善誘，徐徐染以文物制度之美即可。此固天所命於先進國民之職分也。不慮於是，遽如矜伐己之開化而凌蔑他邦，此豈可稱真開化之民哉。[16]

對在亞洲大展其殖民統治力量的英法，中江在這段文字裡嚴厲批判。另外，在指責土耳其和印度人缺乏骨氣的同時，又更加強烈地糾彈自恃強盛開化，輕蔑且粗暴地統治亞洲人的英法態度。

中江在〈論外交〉中表示，富國與強兵互相矛盾，若重視富國則無法擁有大批軍隊，相反地，若重視軍事則無法增加財富，並明言歐洲列強之所以強化軍事，是出於不懂得國家間

16　中江兆民，一九七四，頁二三九。

的外交手段。他認為，歐洲列強相互競爭並擴張軍力下的行為，若是由普通人來做會被視為盜賊，而這就是歐洲人對待亞洲的方式。中江認為作為國家，應該學習的不是英、法、德、俄等歐洲列強行徑，而是堅守信義，保持獨立，即使鄰國動亂亦不進行軍事性干涉，友愛弱小國家，協助促進發展，這樣的國家姿態。他筆下的具體例子，以小國而言便是瑞士、比利時、荷蘭，大國而言便是北美聯邦（美國）[17]。

中江並不否定歐洲文明，而是強烈批判肩負此文明的歐洲列強的具體作為。然而，在中江舉出值得仿效的國家中，荷蘭早已在亞洲領有殖民地（荷屬東印度），當時比利時也以國王利奧波德二世（Leopold II）為首，積極行動以加入殖民統治國家的行列，考慮到這些狀況，中江所論及的具體範例其實相當脆弱。附帶一提，與此相同的論點，亦藉著洋學紳士*之口，出現在中江五年後成書的代表作《三醉人經綸問答》中。

這些中江在思想成熟期所展現的觀點，八年前當他航行於帝國航路時，有多少已在其心中具體成形，不得而知。但可以確定的是，過去航程中的體驗對中江思想的形成，有著不小的影響。飛鳥井雅道在提到中江於〈論外交〉中的回想時，將此趟旅程評為「當兆民（在法國）學習民權基礎．盧梭的同時，他也在歸途中透過親身體驗，學習到歐洲諸國侵略亞洲的實態，亦即國權論的前提」[18]。松永昌三的評斷是「在返國途中，兆民親眼見到這個『文明』的不足之處。（中略）兆民以人類平等的信念，嚴厲譴責歐洲諸國以『文明』之名侵略亞洲，這是以歐洲近代文明的理念，批判此文明現實的視角，然其根基中是不可動搖的亞洲人觀點。兆民身為東洋的年輕哲學家，他無疑切實地意識到，克服歐洲自由的限制與恢復亞洲人民的自由，是同時性的課題。因此對兆民而言，歸國旅途也是朝『東洋盧梭』的出航」[19]。從帝國航路體驗中回顧歐洲，中江的觀點與久米邦武大不相同。

17　中江兆民，一九七四，頁二四〇。

*　譯注：洋學紳士為《三醉人經綸問答中》中的虛構人物之一，與豪傑，南海先生共論日本未來之道。江中藉其口闡述日本應放棄武力，走上民主的文明進化道路的觀點。

18　飛鳥井雅道，一九九九，頁一六三。

19　松永昌三，一九七四，頁四一九—四二〇。強調為原文。

三　優勝劣敗的世界觀

野蠻的亞洲

如前所述，中江兆民雖認為土耳其及印度人因頑陋欠缺骨氣而自取其辱，也仍視其為人。他對身為統治地位的歐洲人，將亞洲人視為野蠻、與自己並非同等人類的輕蔑態度，提出明確的批判。此議論也以洋學紳士之言「有精神與身體者皆為人。有些為歐羅巴人，有些為亞細亞人」，出現在《三醉人經綸問答》中[20]。前面所引用〈論外交〉中可看到「蒙昧之民」一詞，可見中江對亞洲人並未抱持完全的平等意識，但也未將其視作野蠻。然而這樣的態度屬於例外，航行在帝國航路上的日本人間，普遍認為亞洲人野蠻。

第二章中曾提到，與不潔觀強力結合的野蠻論是相當牢固的觀點。久米邦武途經西貢時，也以人們與鴨子及豬住在一起，而感覺中國人不嫌避骯髒到了奇怪的程度；他寫下過去來到長崎的歐洲人曾說日本是整潔的，然而自己並不覺得長崎有那麼整潔，因此曾懷疑西洋不潔，然而現在了解那是將日本與如此不潔的中國人比較的結果。久米雖記下香港市街整潔的感想，但認為這是由於英國人的力量。對上海的中國人街區，則觀察到清掃不充分，屋簷滿是塵埃，積水腐敗惡臭，並感嘆中國人總是如此的不潔[21]。

久米的看法也是其他多數旅行者的看法。即使是他認為清潔的香港，也有許多旅人強調其骯亂的程度。一八七二年隨東本願寺的大谷光瑩留學歐洲的作家成島柳北，便特別記下中國人住家屋頂上有廁所，來強調他們有多骯髒[22]。對七九年前往視察歐洲警察狀況的佐和正而言，群居在香港港口船屋的中國人，如同圍繞在污物四周的蒼蠅，只能是厭惡的對象[23]。八二年為赴任駐義大利公使之職搭乘帝國航線的淺野長勳，眼中的香港「土人」「野蠻不潔」，裸身坐在店頭的模樣可比豬狗[24]。八四年同志社創辦人新島襄，在香港展現窺看鴉片煙館的好奇心，他觀察到人們對政府心懷不滿的同時，又說中國人是「如此骯髒又如此吝

20 中江兆民，一九六五，頁一四五
21 久米邦武編，一九八二，頁三一六、三二五、三三三。
22 成島柳北，二〇〇九，頁二五七。
23 佐和正，一八八四，四丁表。
24 淺野長勳，一八八四，頁七。

嗇，讓人十分驚訝。他們是東方的猶太人」[25]。對這些觀察者來說，骯髒野蠻的中國人被置於歐洲影響下，沒什麼不可思議之處。佐和便認為「東洋人民動輒招西客侮慢者，此緣由於賤惡之俗」[26]。

不潔、野蠻的印象，就像前面提及的佐和與淺野所表現的，時常伴隨著視同人類以外動物的眼光。成島柳北在新加坡看到潛入港口，撿拾丟進水中零錢的人們（他們可說是幾乎必會出現在明治時代旅行者的紀錄中），形容其狀似水蛙。他以在港口販售鸚鵡、猴等動物的當地人為主題作了一首漢詩，以「笑殺賣猴人似猴」結尾（參照頁一三二，專欄一）。不管是蒼蠅、豬或是狗、還是猴子，這些用來形容香港、新加坡人的詞彙，反映了日本旅行者視亞洲人為野蠻的輕蔑態度。成島更斷定錫蘭的加爾「土人」狡猾無恥，將來販賣的小販比擬為「嗡嗡擾人的蚊子」[27]。

一八八〇至八四年間旅歐的法律界人士山下雄太郎，他雖是關心倫敦的貧民狀態以及救濟問題的人物，但在去程停靠新加坡之際，寫下了相較清潔的洋風住宅，「土人」住家是不體面的茅屋，婦人的醜態尤其讓人看不下去。在亞丁時甚至產生了以下感觸：「當地土人為香港以西所見中最下等者。其身膚色漆黑，髮色淡黃，下水時有如水猴（日本傳說中的生物。躲在水中，將獵物拉下水，貌似猿猴），在陸地則裸足奔跑於炎熱砂原，其狀不愧真為地理書上所載野蠻人。」[28]

被統治的亞洲

大部分旅行者認為，以當時亞洲人的狀態，他們理應受到歐洲列強統治並為其所用。

一八八二至八三年間訪問歐洲的板垣退助，在回國後的八三年夏天舉行的演講中，如此描述香港：

> 見支那人之狀態，土地為英國所掠取亦括然不顧，（中略）而見歐人虐待支那人之狀態，實有不得不怪之處。（中略）（歐人應已被棄貴族特權）卻猶移此狀態而虐待支

25 新島襄，一九八五，頁二六九—二七一。
26 佐和正，一八八四，四丁表。
27 成島柳北，二〇〇九，頁二六二—二六三、二六七。
28 山下雄太郎，一九八七，頁二〇八、二一一。

那人，不得不云於右忌之而於左施之。既為人權平均之國民，至於亞細亞地方殊有如其貴族之特權，此何事也。再言之，僅能看作歐洲諸國一般占有貴族地位，其奴隸之位置則投向亞細亞人民[29]。

板垣尖銳地指出，歐洲境內以平等為目標的潮流，與歐洲人對待亞洲人態度間有著巨大落差，並強調亞洲人也甘於承受與歐洲之間的關係。同為自由黨政治家，《自由新聞》主筆栗原亮一也在與板垣同行抵達香港時觀察到中國人習於專制，缺乏政治精神，沒有參與政治的期待；要中國人恢復東洋的自由是有困難的，栗原寫下這樣的感想[30]。

對新加坡及錫蘭的狀況，板垣的感想亦是接觸的當地人大多態度卑屈，安於奴隸地位，即便偶有骨氣者出現，結果還是無力挽回如此情勢[31]。栗原在可倫坡問能理解英文的當地人，他們是否景仰英國總督，是否喜愛英國人，得到「非也，吾等土人甚為厭之。然亦無力，如何敵之」的回答[32]。

帶著曾經繁榮的佛教故地形象，錫蘭特別容易引發旅行者在歐亞關係上的強烈感慨。明治維新後不久的一八六九年，隨法國總領事出發前往巴黎留學的前田正名，在幾年後寫下的自傳中，他回想自己在法國船隻首先經過的西貢，因歐洲文明的規模而吃驚後，在接下來停靠的錫蘭，則感到印度的滅亡並非偶然[33]。前田認為，只要看看英國文明的力量，與在此力量前無能為力的錫蘭人，曾擔負著古代亞洲文明的錫蘭，會遭受英國統治是理所當然的結果。

一八八六年訪歐的陸軍軍人鳥尾小彌太（訪歐當時為國防會議議員）在日記中記錄了對可倫坡的想法如下：

> 世風日下人德衰微，競智爭利，以水火之力代神通，遂是如此美好之國亦遭踐踏，今尋常之人，無捨命以逐利者，亦無長住久居。（中略）然若國土因人業力而變、人德衰微，至唯利是爭，則如何勝境，亦忽變穢土。[34]

29 自由黨史編纂局編，一九五八，頁三三〇。
30 師岡國編，一九八七，頁七八。
31 自由黨史編纂局編，一九五八，頁三三一。
32 師岡國編，一九八七，頁九九。
33 前田正名，一九七九，頁九〇。
34 鳥尾小彌太，一九八七，頁五一—五二。

隔年高田善治郎寫下，可倫坡歐人住家宏麗，庭園可觀，相對的當地人卻住在檳榔樹皮屋頂的悽慘房屋中，如同英國人的奴隸；雖值得憐憫，但也是所謂優勝劣敗下的必然結局，不能責備任何人。他視國力和文明先進的歐洲（英國）統治為當然[35]。

優勝劣敗的世界觀，也就是以「先進國」人民理應治理「落後地區」之人來正當化殖民地統治的思想，在帝國主義的時代中擴散開來。其理論基礎的社會達爾文主義、也就是社會進化論，自明治十年左右起由加藤弘之等人引介至日本，然而，不管是否意識到理論本身，途中停靠亞洲各港口的旅行者們，可說幾乎都抱持著優勝劣敗的觀點。

四　日本自立的摸索

日本的未來

目睹歐洲（英國）統治下亞洲各地區的狀況，不少旅行者在感受自己身處於優勝劣敗世界中的同時，尋思日本的立場及前途。

法律界人士的山下雄太郎，在一八八〇年秋天抵達歐洲後回想在帝國航路上的航程，將所生感觸總結如下，其中展現了對歐、亞，及日本間關係饒富興味的洞察。

出我邦西航，經支那及印度洋赴歐之時，看破我國風立於亞洲諸邦之上，極其容易。然反思亞洲一般情況，我邦人民與此等諸邦人民亦非無相同之處。伋執牛馬之業絲毫不以為愧，為東洋人之風。如我人力車，以人代牛馬，不得不說即其一例也哉。[36]

歐洲人即便馬匹疲弊也會騎，而不會以己代馬；日本有以人為牛馬的人力車，雖似立於亞洲之上，實際上和亞洲其他地方並無不同，山下以此感嘆日本與歐洲間的差異。

35　高田善治郎，一九八七，頁二八六—二八七。
36　山下雄太郎，一九八七，頁二一三—二一四。

那麼，日本應該朝什麼方向前進呢？一八六九年出航的前田正名回想到，於西貢登船的法國西貢總督*告訴他，西貢過去曾是日本領土。這是出於山田長政†因功受封西貢的錯誤訊息，但前田對此並未提出疑問，認為未來的日本國民皆應成為山田長政，此後「益感富國強兵之必要，愈加熱衷於此」[37]。前田赴歐後長期滯留法國，經歷了包括普法戰爭的巴黎圍城。他在七七年返國，後來為了巴黎萬國博覽會再次赴法，成為通曉歐洲產業狀況的經濟官僚，八四年提出經濟計畫〈興業意見〉，被視為以殖產興業為目標的明治時代潮流的代表人物。無須再次指出，富國強兵的方針，正是日本為了加入歐洲行列，立於亞洲頂端的手段。此雖僅為前田在後日的回想，然而對富國強兵有所貢獻的人物，以如此形式敘述自己的帝國航路經驗，仍值得注意。

板垣退助也同樣在帝國航路的旅程中感受到富國強兵重要性。他在停靠港觀察的結論是，在歐亞關係中人種的不同固然重要，但最主要而難解的因素是宗教，尤其是信仰基督教的歐洲人會輕蔑非基督教徒。亞洲人們被當成野蠻人，日本的地位亦同。由於歐洲人認為自土耳其起越往東行就越是野蠻，所以日本也是野蠻國家之一，要修改條約並非易事。因此，板垣認為，訂立連歐洲人都會吃驚的至善至美法律[38]，或是將海軍擴張至讓他們膽寒的規模，是必要的。

早板垣一年，一八八一年出發前往法國留學的陸軍少尉上原勇作於日後回憶，他在新加坡遇見白人以橫暴態度對待有色人種，有色人種的警官在白人命令下協助暴行，想到在香港及西貢也見到同樣狀況，與同行兩名同僚少尉悲憤填膺。同僚之一會津人森雅守少尉，主張日本政府「應頒布嚴令，命為日本人者與白人同樣奮發努力，若有劣於白人者，當使其去勢」。根據上原的回想，他們「相互握手長嘆，我等日本人何時得以東亞民族領導者之身，自白人桎梏中拯救彼等」[39]。爾後上原在停留歐洲時，也遇上了日本被當作法國殖民地之一的經驗。為了擺脫這樣的處境，上原認為必須壯大強化日本，他在大正初年以陸軍大臣要求

---

* 譯注：正式名稱為法屬印度支那總督（Gouverneur-général de l'Indochine Française），越南人通稱為東洋總統全權大臣。

† 譯注：通稱仁左衛門，十七世紀以暹羅日本人町為中心活躍於東南亞的日本商人。傳說曾受封於位於今日泰國南方的大城王國（又名阿瑜陀耶王國〔Anachak Ayutthaya〕）。

37　前田正名，一九七九，頁九〇。

38　自由黨史編纂局編，一九五八，頁三二三—三二五。

39　元帥上原勇作傳記刊行會編，一九三七，頁八九—九〇。

增設兩個師團，因與持緊縮政策的內閣對立而辭職，釀成所謂「大正政變」的契機等等，貫徹了「強兵」路線。

拜訪阿拉比

不管是否喜歡都得被迫感受自己是亞洲一部分，但仍認為日本和暴露野蠻姿態，屈從於歐洲統治之下亞洲各地不同的日本人而言，會對激烈抵抗歐洲勢力擴張而挫敗的人物產生強烈關注，並非不可思議。自一八八〇年代中葉至後半期間，幾位旅行者前往錫蘭拜訪的埃及民族運動家阿拉比（亦有Orabi、Arabi等拼法）即是這樣的人物。「阿拉比革命」與英國占領埃及，最後以阿拉比流亡錫蘭收場，這些已於第一章中提過。英

圖12　阿拉比（野村才二，《阿拉比帕夏談話》，一八九一，國立國會圖書館藏）

國占領埃及成為加速瓜分非洲的契機，對帝國世界成形的過程具有重要意義。八二年當英軍開始砲擊亞歷山大港時，為出席俄羅斯沙皇亞歷山大三世加冕大典，欲經歐洲前往俄國的有栖川宮熾仁親王一行正在帝國航路上。七月初乘法國船停靠西貢時被告知埃及的動亂，他們在可倫坡得知英軍砲擊亞歷山大港的新聞。一行人已覺悟若蘇伊士運河因戰爭關閉，就得採繞行好望角的航線，然而運河並未關閉。只是當他們在七月底到達蘇伊士時，當地歐洲人為避亂全都逃到船上，越洋而來的乘客也無法上岸[40]。八二年十二月中旬和板垣退助一同經過此地的栗原亮一，記錄下英國占領埃及後不久的緊迫局面。蘇伊士港中依然停泊著英國軍艦，戰鬥雖早已結束然而戒備依舊森嚴，敗逃士兵出沒，四處打劫[41]。

日本人十分關注埃及的局勢變化。早已身處於歐洲列強的龐大影響下的埃及，又被迫淪落為實質殖民地，此事態對摸索著日本身為獨立國家前途的日本人來說，無法裝作與己無關。因此為維持埃及的獨立而竭力奮鬥的阿拉比之名，與其遭囚禁於錫蘭之事，在日本都廣

40　林董編，一九八七，頁一五。
41　師岡國編，一九八七，頁一一一。

為人知。例如一八八二年十二月二十四日的《朝日新聞》上便刊載了「前期已報導，曾一度判決死罪，獲減刑並判流放的阿拉比，終將於近日與同黨發配至印度錫蘭島」的報導。

阿拉比被發配的錫蘭可倫坡是帝國航路上的停靠港，亦有日本人利用中途停靠錫蘭的機會，實際與阿拉比見面。以下舉其中三名為例。

第一位是新島襄。新島在一八八四年經歐洲前往曾留學的美國途中，在可倫坡與阿拉比會面。此時的阿拉比厭惡談論埃及話題，表示埃及的未來只有神知道，另一方面又詢問新島等人日本軍隊的規模、軍艦有幾艘。新島回答，常備兵雖有十萬，但政府以為不足正在擴充陸海軍隊，阿拉比拍手稱讚日本軍力，並忠告應繼續維持優越的陸軍與海軍。

第二位是《佳人之奇遇》作者東海散士（本名柴四朗）。雖出身會津，但在西南戰爭從軍時受到土佐藩出身的谷干城賞識，柴以秘書官身分隨同谷前往視察，並在一八八六年四月一同拜訪阿拉比。

柴在《佳人之奇遇》中介紹了阿拉比對他們的談話。據此，阿拉比如此訴說自身經驗，國土因償還外債失敗遭奪取殆盡，舉兵之際承諾提供正義援助的歐洲國家，實際出兵後也亦無提供任何救援，並忠告「歐美人之言縱可聽而不可信，可與之交不可與之親」。即便雇用外國人擔任顧問亦不可授與官職，為了國家統一的手段不過細枝末節仍應堅守，阿拉比闡明其理「若重信義，循正理，撫育保護鄰近弱國，則稱霸東洋指日可待」[42]。《佳人之奇遇》畢竟是小說，這段記述在何等程度上忠實反映出阿拉比的說話內容，必須持保留態度，但從整體角度來看，阿拉比的忠告，對想以富國強兵趕上歐洲的人們而言，是能深深引起回響的話語。

另一方面，谷干城的〈洋行日記〉中並未記載與阿拉比見面的經過。但在帶著對會面的強烈印象途經埃及時，他眼見強盛時期壓榨人民的君主，其統治權落入英法手中，人民淪為英人奴隸，而感受到阿拉比舉兵抗外是迫不得已[43]。

第三位是一八八七年在留美歸國途中與阿拉比見面的橫濱海關官員野村才二。他在考察亞歷山大港的海關時，見上位者皆為英國人，埃及人盡受使喚，便問埃及是否有傑出之士而得知阿拉比事蹟。阿拉比以熱切的語調發出強烈警告，西洋人不把東洋人當人看，即使相談

42　東海散士，二〇〇六，頁五五四—五五五。
43　谷干城，一九一二，頁四六一。

如友真正目的也是奪取國土，其手段是透過武力或以顧問官名義干預政治，而今西洋一邊提倡文明，一邊採行後者之手段。野村詢問阿拉比給日本人建議，阿拉比回答，近年日本人持續前往西洋學習文明，然而最重要的是國內安定和提高民生水準。若國內無法充實，又如何能抵禦外侮，阿拉比如此解釋[44]。

其中也有盼與阿拉比會面但未能實現者。比如海軍軍醫鈴木重道，在谷干城他們訪問阿拉比後不久的一八八六年五月前往，但因阿拉比外出而沒能與其見面[45]。而在九〇年途經可倫坡的內科醫師入澤達吉亦欲拜訪阿拉比，他向在當地修行的日本僧人詢問，得到僧人中也有人見過阿拉比的回答。入澤因阿拉比住處太遠而放棄拜訪，將記載阿拉比事蹟的柴四朗著作《埃及近世史》託付給其中一名僧人[46]。

在下一章所論時代的一九〇〇年，小說家大橋乙羽在可倫坡探尋阿拉比，卻得到其已客死於數年前的回答。不過，大橋發現自己同船旅客中一名在可倫坡登船者，是探訪完父親正要回去的阿拉比之子易卜拉欣，大橋與他親近起來，得知阿拉比仍健在，以及易卜拉欣從七年不見的父親口中獲知他將在三年內獲准歸國，而「待青天白日之時」等。對此大橋回以熱情激勵，說天下輿論皆贊同釋放，有識之士均認為阿拉比會於埃及歷史上留下英名。阿拉比實際上在翌年的一九〇一年獲准歸國。

大橋回想自己當時的姿態，激動得讓同船乘客們都捧腹大笑。然而，這也可說是充分顯示出當時日本人們對阿拉比關注強烈程度的一幕[47]。

44 野村才二，一八九一，頁二—三、八—一〇、一八。
45 鈴木重道，一八八六，頁一二一五。
46 入澤達吉，一八九〇，頁一〇九八。
47 大橋乙羽，一九〇〇，頁八五—八七。

專欄二

中國人眼中的帝國航路

利用帝國航路的不只有日本人。與日本同樣身陷歐洲影響的中國，也出現循著帝國航路出航的人們。其航海紀錄亦為日本人所知。中井櫻洲自幕末至明治初年三度訪問歐洲，為中井第三次赴歐遊記《漫遊紀程》（一八七八）寫序的漢學家川田甕江，便提及閱讀過中國旅行者筆下的《乘槎筆記》與《使西日記》[48]。一八七二年成島柳北也在從新加坡出發船上閱讀的《乘槎筆記》[49]，應該有相當多人讀過。

《乘槎筆記》是海關總稅務司赫德爵士（Sir Robert Hart）秘書斌椿在一八六六年隨赫德爵士赴歐的紀錄。他當時已高齡六十三歲，被手代木有兒評為「展現對西洋社會的問題意識稀薄」[50]。斌椿從天津上船，在上海轉乘法國船航行於帝國航路（包含西貢），對停靠港中歐洲文明的驚訝貫穿了航程記述。比如在上海，他驚嘆西洋建築以及並列如林的船隻，和其所搭乘法國船的設備；在新加坡，以「高敞壯麗」稱讚仿西式建築的店鋪稠密羅列之狀。乘蒸汽火車（火輪車）通過蘇伊士運河開通前的陸路前往亞歷山大港時，則感動其速之快「車行更速，直如雲中飛也」[51]。

相對於斌椿沒有記下他對帝國航路中的歐洲與中國的關係、中國處境有什麼感受，川田甕江在記成《使西日記》而提及的郭嵩燾《使西紀程》中，則對此充滿感慨。郭嵩燾是清朝官員，為了一八七五年二月英國翻譯官馬嘉理（Augustus Raymond Margary）遇害事件（滇案），在七六年秋天赴英謝罪。《使西紀程》為此行記錄。岡本隆司對此作過包含詳細分析其與底本日記原稿異同的出色研究[52]。以下將依據岡本研究，簡單介紹郭嵩燾的觀點。

郭嵩燾出使時已將近六十歲，但他在對帝國航路上所體驗的歐洲力量感到驚訝的同時，也嘗試與中國的情況進行比較。例如，在抵達香港前見到英國船在海上以旗幟打招呼，他在日記中寫下，如此井然地「禮讓」是中國不及之處，然而在《使西紀程》文中則略去中國部

48　中井弘，一九六八，頁三〇一。
49　成島柳北，二〇〇九，頁二六四。
50　手代木有兒，二〇一三，頁二〇九。
51　斌椿，一八七二，五丁裡、七丁表、一二丁裡、二二丁裡。
52　岡本隆司・箱田惠子・青山治世，二〇一四，第一章。

分，僅寫著「禮讓」是歐洲「富強」基礎。又，在香港參觀英人經營的學校時，他感嘆於學校教授四書五經以及教學方式，在日記中讚揚其規模宏遠，原稿裡「其規條整齊嚴肅，而所見宏遠，猶得古人陶養人才之遺意。中國師儒之失教，有愧多矣，為之慨然」以加筆方式寫成對中國教育狀態的批判。這部份在《使西紀程》中，也不見「中國師儒之失教」以下的文字[53]。

如同這些例子，郭嵩燾在讚揚歐洲（英國）的同時，對自國現狀採取批判態度，但在外界眼光所及版本裡，刪去了批判中國的部分。即便如此，《使西紀程》在刊行後（《使西紀程》是作為報告書呈送給相當於外交部的總理衙門後，未經本人允許而被出版）被當成是讚美歐洲的書籍，受到激烈指責。郭嵩燾在完成滇案謝罪專使的任務後留在倫敦，設立公使館成為第一代駐外使節，後又兼任駐法公使，但期間面臨這項指責，他在一八七九年回國後解職。

岡本隆司認為，《使西紀程》的內容不過是郭嵩燾在赴歐航程中確認了自己在此之前抱持著的想法，而再將之付之於筆。即便如此，想著遠方中國國力和情勢一面確認歐洲勢力的郭嵩燾，仍讓人印象深刻。記錄每個停靠港居民裡中國人數的他，寫下在可倫坡來回走了半日，也沒見到一個中國人，又論道，歐洲在開拓這塊土地上，是目標獲利，以智力經營，並非僅是用兵[54]。

53 郭嵩燾，一九九八，頁三—五。同前註，頁四五—四六。

54 郭嵩燾，一九九八，頁二四—二五。

第四章

成為殖民統治帝國

——一九八〇年代～第一次世界大戰

一　帝國世界高峰期的旅行

帝國世界的完成

時間即將從十九世紀邁入二十世紀之際，帝國主義世界體制（帝國世界）可說進入完成階段。在此時期接連發生了甲午戰爭（一八九四—九五）、美西戰爭（一八九八）、南非戰爭（第二次波耳戰爭，一八九九—一九〇二）、八國聯軍（一九〇〇）、日俄戰爭（一九〇四—〇五）。美日成為帝國世界中領有殖民地的國家，加入殖民統治陣營，圍繞著殖民地占領的競爭幾乎告一段落。

美國在此之前持續推進對境內原住民居住地區的征服，然而一八九〇年邊境宣告消滅後*，對海外關注提高，在對西班牙戰爭的勝利下，美國獲得了西班牙殖民地菲律賓、關

* 譯注：邊境論為美國歷史學家菲德烈克·傑克遜·特納（Frederick Jackson Turner）在一八九三年《邊疆在美國歷史上的意義》所提出的論點，並認為美國的文化和政治是由美國的西進運動所塑造，邊境的消失宣告著美國拓荒時代的結束。

島，和波多黎各。

日本為擴張在朝鮮勢力與中國（清朝）開戰，勝利的結果雖沒讓日本成功統治朝鮮，但將台灣納為殖民地。接下來又在帝國主義列強聯手鎮壓中國排除外國勢力的義和團運動之時，日本送出了數量最多的軍隊。在這個過程中，日本在帝國世界中的地位上升，一九〇二年時更與英國締結成日英同盟，並以此為後盾與俄羅斯開戰，戰勝後取得庫頁島南部，更將朝鮮納為保護國（外交由日本掌控）。朝鮮最後在一九一〇年遭日本併吞。

日本這些行動，完成了帝國世界的構造。關於這一點，研究日本帝國主義的先驅江口朴郎認為「日本作為近代國家的新出發，唯在以壓制亞洲境內人民抵抗的軍事力量使自身介入歐美強國的勢力關係中才可能實現，又唯有透過身為這樣在亞洲境內展露軍事力量的國家，全面性的帝國主義才可能實現」[1]。

世界瓜分告一段落的結果，列強間在歐洲之外占領殖民地競爭形式下的衝突和對立，埋下了歐洲內部戰爭的導火線。第一次世界大戰在一九一四年爆發。關於引發大戰的直接、近期性原因，圍繞在各國外交關係以及領導人決定上產生了各種討論，然而造成戰爭的重要遠因，仍是帝國主義世界的發展。大戰的主要參戰國（一方為德國和奧匈帝國，另一方為英、法、俄）以維持及擴張帝國主義時期所獲得的領土為目標而戰。日本也以日英同盟為由參戰，在占領德國於西太平洋領有的島嶼及租借地（青島）的同時，為擴張在中國的權益提出二十一條要求等等，露骨展現身為帝國主義國家的姿態。

大量成長的日本旅行者

日本在帝國航路上的存在感，也在此時期增強。日本郵船至印度的航線於一八九三年開通，接下來歐洲航線在一八九六年開始營運，亦為其前兆。帝國航路上的旅人們原本不得不搭乘英國或法國船，從此他們能以日本船航行全程。在歐洲航線首班船隻土佐丸開航前，《萬朝報》如此議論其意義。

> 若敵人為夙負盛名的英法兩大汽船公司，且掌握日歐航權已久，我等國民亦不可袖手旁觀，捨眼前小利助郵船會社，制彼等專橫，需有以將航權盡收於我之覺悟。此競

1　江口朴郎，一九八六，頁五三。

爭一旦失敗，不僅為郵船會社一社之恥辱，實為帝國一大恥辱、一大損害。[2]

土佐丸事務員阪本喜久吉留下了充滿初次航行喜悅的航海記《雲海紀行》。土佐丸在可倫坡後停靠印度孟買，阪本在此驕傲地寫下，三年前日本郵船開始經營日印航線時，印度人不了解日本，懷疑日本的實力，但經過這段時間後「現在則對我國十分尊崇」。他認為「海權所張之處國威亦隨之宣揚，航權所弛之處國威則必凋零」，深信像日本這樣四周環海的國家，其富國強兵之策首要應在於航海業[3]。從一八九三年日印航線開通到九六年日歐航線開始之間僅經過三

圖13　日本郵船土佐丸歐洲航線開航典禮（日本郵船株式會社《日本郵船會社汽船乘客與託運人說明介紹》，一八九六，國際日本文化研究中心藏）

年，然而期間發生了日本甲午戰爭勝利的重大事件。可想見這也支撐了這份高揚的情緒。甲午戰爭期間滯留巴黎的新聞記者池邊三山（出身熊本，為輔導留學歐洲的舊藩主細川護成而赴歐），則在九四年十一月三日從巴黎寄出的信中寫下，由於日本持續勝利，這場戰爭在巴黎也大受注目，對「如此那些赤髭傢伙亦對日本威勢稍感恐懼」的可能性感到痛快[4]。日本人體驗這般至今未曾感受過氣氛的機會，在帝國航路以及目的地歐洲上都增加了。

在此背景下，前往海外的日本人數更是大幅成長。反映出前往海外人數規模的旅券發行數，一八九一年為一萬三千六百一十八人，發生甲午戰爭的九四年為一萬六千七百二十六人，然而在一九〇〇年增加至四萬一千三百三十九人，日俄戰爭後的〇六年到達五萬八千八百五十一人的高峰。

旅行者也更加地多樣化。其中以學者赴歐留學特別引人注目。官費留學自明治初期起實施，一八八二年制定以東京大學畢業生為主要對象的「官費海外留學生規則」，八五年時適

2　《萬朝報》，一八九六年三月四日。
3　阪本喜久吉，一八九六，頁六、九四。
4　池邊三山，二〇〇二b，頁一五三。

用對象又擴大到文省部直轄專門學校及師範學校等。本章中所提及夏目漱石的英國留學也是官費留學。任第五高等學校（熊本大學前身）教授的漱石，受命赴英留學以研究英語教育方法。其他如記者（前面提過的池邊三山、長谷川如是閑）、作家（島村抱月、與謝野鐵幹．晶子夫妻）以及宗教家（釋宗演）等，旅行者的職業十分多樣。

過去的旅行者們大都有著清晰確實的旅行目的，但到了這個時代，也出現尚未決定目標便出發的旅行者。例如身為記者，也是歷史學者、政治家的竹越與三郎在一九〇〇年八月搭乘日本郵船神奈川丸自橫濱出發後，在一覽無遺的大海上，他躺在長籐椅上茫然望天自問所要如下。

> 昔人不滿祖國而去，然而自己對祖國並無不滿，亦非如拜倫親吻英國海岸，以告別祖國的心情離去，也不同於北宋政治家詩人蘇東坡（蘇軾）遭皇帝疏遠而貶謫鄙地。但我也不像是明治時代至今的前賢那樣是為了學習西洋文物。這些在東京就能掌握。事實亦非如某新聞記者所言，是因無法屈就於伊藤博文手下。結果，連自己也不知道自己為什麼要出國旅遊。[5]

雖然這段文字表現相當韜光韞玉，但竹越確實無法釐清自己這趟旅行的目的。即便有能力前往歐洲的人數在日本全體國民中仍然相當有限，但日本已出現以這種型態的「外遊」的餘裕。

帝國世界完成期的亞洲與日本

在此時期航行於帝國航路的旅行者們，在停靠港以及目的地的歐洲感受到帝國世界完成期的世界面貌。

前面剛提及的竹越與三郎，他搭上帝國航路船班的時期，正好是包括日本在內的八國聯軍為鎮壓義和團而展開軍事活動的時候。竹越自橫濱出發經神戶停靠香港，在此遇到要前往鎮壓義和團的德軍。在香港登上神奈川丸的四名英國人中有兩位在天津住了二十多年，他們在遭受義和團襲擊家財將失之際獲得日本軍的幫助，而保住了一半的財產。原先同船的英國人不曾有人與竹越搭話，但這些英國人積極與他攀談，使得先前同船的乘客也變得願意交

5　竹越與三郎，一九〇二，頁六九—七一。

談。這應該讓竹越感受到日本地位在這段期間中的變化。附帶一提，竹越認為德國士兵是說話遣詞用句同豬狗，飲用劣等麥酒，粗野地喊叫愛國，把武藝當成國家的買賣而不懂得其他高尚事物的人，給予嚴苛的評價[6]。

在不久後的一九〇〇年九月末啟程赴德留學的作家巖谷小波，在上海常常看到法國士兵、香港則是英國士兵，相對地在新加坡則因有德國船停泊，而僅見到德國士兵[7]。

八國聯軍的同時，英國的南非戰爭陷入預期之外的長期戰中。南非戰爭的戰場本身遠離取徑蘇伊士運河的帝國航路，日本旅客們仍能在航路上感受到戰爭的片段。波耳人俘虜便是被移送到錫蘭。為了愛德華七世在倫敦的加冕大典而搭上軍艦航向英國的海軍軍人小笠原長生記載的錫蘭拉格默收容所（收容三百二十名俘虜），俘虜的待遇優厚而未課以任何勞役，並提供良好的寢具和飯菜，但為了防止逃亡室外圍繞著三重鐵柵[8]。

日本在八國聯軍後與英國締結日英同盟，又引發日俄戰爭並獲得勝利。一九〇二年至〇五年旅居於英國的作家島村抱月觀察到，〇四年日俄戰爭剛開始時，英國人的招呼中還帶著對日本的同情，但旅順及仁川等地的戰況消息讓人心生狂喜。根據島村的觀察，在此之前歐洲人擅自將東洋人、亞洲人和化外之民三者畫上等號，並使用東方殘忍、東方奴性等詞彙。

雖然其中典型是中國人，但日本也被同等看待，僅有部分的人因為甲午戰爭而能區別日本與中國。在此狀況下日俄戰爭發生。日本的勝利在望讓島村感到「就好像老爺在路上牽著下女的手那樣地（指日英同盟之事）笑著，對大陸諸國此為展現同盟國之優良而臉上添光，是英國人藏也藏不住的喜悅來源」[9]。

日本戰勝被視為歐洲強國的俄羅斯，帶給世界相當大的衝擊。從甲午戰爭的勝利到八國聯軍，再以締結日英同盟登上帝國世界中統治國家陣營階梯的日本，藉此穩固了地位。

日本郵船的歐洲航線由於日俄戰爭暫時停駛，一九〇六年春航班恢復時，德富蘆花為了與敬愛的托爾斯泰會面而循帝國航路出航至埃及賽得港，他描述當時客滿的第一、二等船艙乘客（蘆花自身搭乘三等艙）中，九成是日本外交官、武官和留學生等，「人家乘著日本發展浪潮而出」。相較之下自己是為了什麼外出漫遊，蘆花表示自己不清楚，但若能如從諸亞

6　同前註，頁七四—七七。
7　巖谷小波，一九〇三，頁四六。
8　小笠原長生，一九〇三，頁四五—四六。
9　島村抱月，一九二〇b，頁一五七—一六四。

方舟中放出的鴿子般叼回一片橄欖葉，那也足夠[10]。日俄戰爭開戰時支持戰爭的蘆花，隨著戰爭經過態度轉為批判，思考越傾向和平主義。蘆花注視著反映戰爭勝利結果「日本發展浪潮」的船客，其目光中確實是嚴厲的。

對日俄戰爭勝利的日本抱著批判視角航行於帝國航路的，不只有蘆花。在日俄戰爭後搭乘帝國航線自歐洲返日的永井荷風，也是一個例子。荷風在一九〇八年結束從〇三年起旅居美法的生活，踏上返國之路。航行到新加坡時，他察覺到自己對即將返抵的日本種種事物，感到厭惡。荷風將此寫成文章〈惡感〉，收錄此文的《法蘭西物語》原本應在〇九年出版，但在提交出版申請書後隨即遭到禁止出版的命運。〈惡感〉在二戰後改以〈新加坡的數小時〉為題發表。

抵達新加坡，看到令人讚嘆的繁茂草木，荷風陶醉於夢境般的熱帶美景，但卻持續不久。「現在無刻不令我焦躁不安的，是東之國。戰勝俄羅斯，號為明治的文明國，如此地如此地朝我靠近」[11]。在此看不到半點對返回贏得戰爭躋身大國行列的日本的高昂情緒。必須注意的是，〈新加坡的數小時〉文中批判日本的部分，比起原文〈惡感〉已更加節制。小森陽一指出「東之國」一詞在〈惡感〉中採取更加直接明瞭的「東方的大日本帝國」來表現，而〈惡感〉文中所列出下面這串日本令人厭惡之處的清單，在〈新加坡的數小時〉裡也刪除殆盡。[12]

巡查、教師、軍人、官吏、日比谷的紅磚建築、西鄉隆盛、楠木正成銅像、用人道當藉口在路上要錢的報紙、禁止這禁止那的告示、布告、規則、區公所、戶籍、戶主、印章、容貌不整的女學生、鄉下來的大學生、歇斯底里的大丸髷*、猴子般的貧民窟兒童、夕陽斜照的茅坑、蛞蝓爬行的水槽下——過去盤踞心中對日本帝國的反感，在短暫的歐美天地中不經意遺忘的反感，如過去夜晚的惡夢般湧回記憶中。

10 德富健次郎，一九〇六，頁七—八。
11 永井荷風，二〇〇三，頁二五二。
12 小森陽一，二〇〇六，頁七八—七九。
* 譯注：丸髷為江戶到明治時期代表性的已婚女性髮型，較大的便稱大丸髷。年輕妻子髮型上方的髻較大，會隨年齡增長而變小。

遠離之前所處的歐美風氣（在賽得港時荷風亦寄託於法國詩人訴說「東方的寂靜悲哀」），在能感受到已踏入亞洲的新加坡，荷風無法壓抑對滿溢著前述事物，又以戰勝俄羅斯的「文明國」身居亞洲盟主之日本的「反感」。

然而像蘆花或荷風這樣的人明顯是少數派。稍晚於蘆花，政友會政治家長谷場純孝在一九〇六年五月從橫濱出發漫遊歐美，蘆花的兄長德富蘇峰送給他的送別詩，首句便是「萬邦今正仰　皇州」（如今萬國正仰望皇國日本）[13]。帝國世界中日本人的國族主義正朝誇耀日本力量的方向突進，行走在帝國航路的人們幾乎都是懷抱這樣國族主義離開日本，而在旅途上再次確認它的存在。

二　擴張的日本國力與英國殖民地的日本人

日本國力擴張面面觀

如第一章中曾介紹過，此時在上海、香港、新加坡等地的日本人數顯著地增加。

然而，其中多數為娼妓。關於這些女性，以及旅行者對她們投注什麼樣的眼光，將在接下來的篇幅中敘述。

日本的存在感增強，顯現在旅行者們在各港口所見的景象。

前章所論及時代末期的一八八六年，英國新加坡總督佛雷德里克・韋爾德（Frederick Weld）在寄給友人的信中如此寫著。

（日本海軍）在紐卡斯爾所建造的兩艘極為優秀的裝甲艦正在此停泊。（中略）我海軍中某位去過那兩艘船的人表示，若是得開戰，不論是哪艘的船艦，都能與這片海域裡我國的所有艦隊匹敵——都是些破銅爛鐵湊成的。[14]

本章所討論時間點，這類日本海軍軍力增強情況，在各停靠港中日益明顯。九九年第二次前往歐洲旅行的歷史學家箕作元八停靠新加坡時，入港的日本郵船上就有要前往英國接正

13　長谷場純孝，一九九一，頁四〇。
14　C. M. Turnbull, 2009, p. 133.

在建造中的戰艦敷島（翌年一月竣工）的日本水兵。箕作對能在市中各處看到他們，感到「在他國看到日本水兵實在愉快」[15]。一九〇〇年與夏目漱石同船前往歐洲的日本文學學者芳賀矢一，也對能見到停泊在上海的日本軍艦「異域見日章旗。感意氣昂揚」，因日本的海軍軍力而情緒高漲[16]。

日俄戰爭後的一九〇六年，曾前往錫蘭、印度研究佛教的禪宗僧侶釋宗演，經由美國前往巡遊歐洲，在回程的帝國航路上再次訪問錫蘭的可倫坡。當時他在港口偶然碰上於英國建造，才剛服役的戰艦香取，寫下這是二十年前自己到可倫坡時，所無法想像的狀況的感慨[17]。〇八年，在歸途中順道前往可倫坡的兒童文學學者暨翻譯家（新渡戶稻造的《武士道》譯者）櫻井鷗村，在港口看到三艘日本船入港，「國旗升起處即我國之所在，日本船橫渡世界之海，即是日本帝國前往出差」實際感受到日益增強的日本存在感[18]。

讓旅行者感受到帝國世界中日本國力正在壯大的，不僅是港口中的船舶。在此之前，要看到來自日本的東西仍是無法想像的事，此時機會也已增加。其中一個例子，就是可倫坡的人力車。一九〇〇年隨日本郵船社長訪問歐美，而後早一步經由帝國航路返國的郵船社員正木照藏，在抵達可倫坡時對日本人力車「入侵」的程度留下強烈印象[19]。其後不久，結束巴黎留學，踏上從倫敦返日旅途的日本文學學者池邊義象，也特別記下可倫坡的日本人力車很多，其由黑人所拉之事[20]。池邊也記錄更早些時候，首先停靠的賽得港最顯眼的事，是日本雜貨相當地多。他所注意到的日本物品有扇子、團扇、漆器、陶器、象牙工藝品、陽傘、藝伎照片、衣服、人偶等等。即使在日本人眼中看來，那些都是相當粗糙的東西，但對當地人和外國旅行者來說卻十分稀奇，而銷售得不錯[21]。關於賽得港的日本物品，一九一三年因在日本遭受迫害而逃往歐洲的無政府主義者石川三四郎（結果他在歐洲停留到一九二一年）也有深刻的印象。鄰近賽得港口處有間義大利人經營、販售日本物產的雜貨店，根據石川得來的情報「經過甲午、日俄兩戰爭日本名聲提高的同時，該店生意越見興隆。日本領土擴展的

15　井出文子、柴田三千雄編，一九八四，頁二一。
16　芳賀檀編，一九三七，頁六一三。
17　釋宗演，一九〇七，頁二六三—二六四。
18　櫻井鷗村，一九〇九，頁五六七。
19　正木照藏，一九〇一，頁二六八。
20　池邊義象，一九〇一，頁二七。
21　池邊義象，一九〇一，頁一六—一七。

同時，該店規模也日益擴大」[22]。雖然根據石川記述，此時住在賽得港的日本人，只有一名這間雜貨店的員工和另一位共兩人而已，但可明顯看出日本勢力已延伸至此。

問題的「唐行女」

需要記住的是，在此時的上海、香港、新加坡以及檳城等地，最強烈展現出日本人存在感的是娼婦們。她們當時常被叫做「醜業婦」，自一九七〇年代山崎朋子《山打根八號妓院》及森崎和江《唐行女》出版後，也以「唐行女」之稱廣為所知。她們在前章提及的時代起在這些地方出現，根據森崎和江的著作，一八八二年上海已有七、八百名娼婦從事這份工作[23]。野津道貫記載八三年的香港「散步街頭時，屢見身穿日本閨女服裝，踩低齒木屐，揚揚得意來去者。目前客居於該府賣淫者應不下三百。聞操此賤業者數年年增加」[24]而在一八八七年，高田善治郎在香港感覺「似賣淫婦者多」後，對新加坡也產生多「操非人之業者」的強烈印象，並記載由於上海領事的取締變得嚴格，轉移至香港或新加坡者增加的情報[25]。這些女性的存在感，在日本成為殖民帝國的世紀交界期間愈來愈強烈。

一八九八年搭上法國船開始留學旅程的社會學者建部遯吾，在從日本港口出發途經上海、香港到西貢航程中感到「醜業婦在東洋各港囂張跋扈」[26]。兩年後，赴英旅途中在新加坡掩藏不住對娼妓們模樣的訝異感受的，是夏目漱石。他寫下「醜業婦徘徊街頭。不可思議的時尚」，在給妻子的書信中也寫著「日本人多為醜業婦，身穿印度長裙與棉縮緬外套，踩著一種特別夾腳鞋漫步街頭，讓人感到十分古怪」。其後又在英文筆記中寫道，在新加坡看到許多「街女street-walkers」，並感嘆「被捨棄的可憐人。她們不了解自己在做什麼。她們被貧窮追趕，躲避到世界的遠方，丟盡祖國顏面」[27]。已有不少研究指出，新加坡的娼妓在漱石心中留下深刻印象的原因，很大一部分是由於她們多出身長崎縣，而這是漱石所任教的

22　石川三四郎，一九二三，頁三七—三八。
23　森崎和江，一九七六，頁九一。
24　野津道貫，一九八七，頁四〇。
25　高田善治郎，一九八七，頁二六二、二七八—二七九。
26　建部遯吾，一九八九，頁三七。
27　夏目漱石，一九九五，頁一九、三六；一九九六，頁一九〇。

九州地方。關於這點並沒有錯，然而他的反應在旅行者中絕對不是特例。[28]

這些女性的顧客大半是生活在殖民地的歐洲人。根據對新加坡的日本與中國娼妓進行全面性研究的詹姆士．法蘭西斯．華倫（James Francis Warren）所言：「為了保障英國東南亞基地的殖民地勢力與安全，滿足大英帝國的士兵和水兵是必要的。」此任務便由娼妓們擔負[29]。發揮前述功效的日本娼妓對大多航行在帝國航路上的日本人而言，是讓人遺憾的存在。一九〇八年拜訪新加坡的櫻井鷗村，見到娼妓時感嘆道：「若通曉事理，誰可不為之蹙眉？然（中略）即便是賣身外地的醜業婦，無疑亦為日本人，為我等同胞。（中略）而應感悲哀，國辱竟暴於我國旗之所到處，所未到處。」[30]

對許多期望日本在亞洲勢力能強化者來說，娼妓成為日本人代表性存在，除如櫻井所言的「國辱」外別無其他感受。但也有人對她們抱持著不同想法，例如石川三四郎。一九一三年搭乘法國船前往巴黎的石川，如此描述在西貢所見的娼妓：

> 她們是日本最勇敢的戰士。從帝國主義角度，值得授予大勳位公爵位。其可謂宣揚國威，征服所到處之異人，增進國家利益。同船中有一人說，東西兩洋要地的日本銀行

家、商人多為其常客。帶著嚴肅表情、蓄鬚的堂堂老爺們也不過她們的手下。同乘此船者除採珠人和要用天生寶物征服世界的這些女軍外，其他日本人大抵不過是些無賴、趁火打劫的傢伙。[31]

然而以「要用天生寶物征服世界」讚揚這些女性的石川，他的文字即便和視娼婦為日本恥辱者在方向上有著一百八十度的差異，卻在無視因日本生活窮困而不得不出海賣春女性們的內心這點上，如出一轍。

這些女性中，有的成為歐洲恩客的妻或妾，也有人與當地男性結婚。這也引發了旅行

28　舉例來說，根據領事報告一九〇二年一月到八月間抵達新加坡的女性有四百五十八名，其出身地長崎縣一百八十七人、熊本縣九十六人、山口縣二十九人、福岡縣二十二人、佐賀縣十九人、愛媛縣十九人、大分縣十六人。大部分是由門司—香港—新加坡路線偷渡上岸的女性。ジェームズ・フランシス・ワレン（James Francis Warren），二〇一五，頁二一九。

29　同前註，頁二七二。

30　櫻井鷗村，一九〇九，頁五七一—五七二。

31　石川三四郎，一九二二，頁一九—二〇。

者的反應。一八九二年記者池邊三山在西貢前往娼婦住處參觀，在那裡隨意交談的用詞聽起來像是長崎腔，服裝則類似「野蠻人種北海道愛奴種」。領池邊等人前往的山野問，從神戶來的女人怎麼了，得到的回答是好一陣子前就嫁給了當地人。聽到這個回答的池邊感想是：「橫渡千里浪來到異鄉為爪牙（成為他人手下而工作），終竟成黑面奴妻。這真是什麼道理。」[32]無法掩飾對所輕視的日本娼妓成為更讓人輕蔑的當地「黑面奴」妻子的困惑。

三　看待亞洲民眾的目光

「亡國之民」的相貌

本書到目前為止已討論過，旅行在帝國航路上的人們視各地方的當地人為野蠻的情形。在本章主所針對的時期中，日本在亞洲勢力增強，成為亞洲中的殖民帝國，此傾向也越加顯著。

以「黑面奴」來形容日本娼妓結婚對象的池邊三山，從新加坡寄給在熊本家人的信中寫下「西洋人竟如此仗勢欺人，面目可憎，百姓境遇悲慘，令人憐憫。這一帶百姓膚色皆黑，雖說其容貌確實莫名笨頓，亦仍是人類，卻遭受野獸般對待，看來十分可憐」[33]。池邊對新加坡的人們明明身為人類，待遇卻等同動物而心生同情，但也完全看不出池邊在態度上將他們視為與自己同等的人類。

前章亦提到過日本旅行者將亞洲人當成野獸看待，同樣的，這在此時期中更加常見。一九〇〇年時展開一百六十多日環遊歐美之旅的小說家大橋乙羽，在新加坡首先拜訪日本娼妓聚集之處，感嘆「日本醜業婦為此地名產。（中略）嗚呼，旭日旗之力亦不能消滅此百鬼夜行，吾遊於海外之輩難忍悲嘆」。他前往當地人街區（黑人街）看到當地娼妓，描述其外貌「比鐵還黑的臉，鼻子上穿著金環，眼白閃亮，嘴唇彷彿食人鬼般地紅」，「白人視黑人為禽獸，亦非全無所據。以手進食，徒跣（赤腳）奔於熱地，白晝中赤裸而行，與猿猴相距不及一步之遙」，毫不掩飾輕蔑當地人的態度。而對該地人們看來既是如此野蠻則「白人橫行如

32　池邊三山，二〇二〇a，頁二四—二五。
33　池邊三山，二〇〇二b，頁三二—三三。

入無人之境」狀況，大橋也絲毫不覺得有何違反常理。[34]

像這樣帶有強烈地將停靠港中所見亞洲人民（關於中國人的部分將於後面提及）視為野蠻傾向的旅行者們的描述中，在此時期頻繁出現的是「亡國之民」，或是其他類似的用詞。

夏目漱石對可倫坡糾纏兜售的賣花少女感到厭惡，明確表示如此「亡國之民，為等而下之者」[35]。與漱石同樣在一九〇〇年赴歐的竹越與三郎，雖從檳城當地人的住家、染黑齒當中找到他們和日本人間的共通處，然而在他眼中的當地人，不管是在新加坡還是在檳城最常見的都是馬夫或車夫，若遇上溫和的外國人便試圖騙取金錢，但要是外國人稍加強硬施壓便立刻屈從，並以「如此人種注定滅亡，與其說憐憫，不如說余憎惡此類人種」，顯露出對當地人的侮蔑[36]。

一九〇六年，以帝國航路自歐美旅行返國的釋宗演，為了前往菩提伽耶（Bodhgaya）而從可倫坡離開航路前往印度時，看到搶搬旅客行李而爭執的印度人，他在疑惑這些印度人們是否本性如此的同時，也感到「蓋亡國之民常不免遭虐使」，認為他們理應受歐洲人統治[37]。而在〇八年底從歐洲踏上歸途的櫻井鷗村，對同樣聚集在旅客周遭的埃及人抱著「金字塔是埃及亡國的巨大紀念碑，徘徊四周的土人亦證明其為亡國之民」的印象[38]。亞洲人受統治的局面是理所當然，他們自身便顯示出其亡國的命運，這種想法在當時十分普遍。

一戰期間一九一五年赴歐的新聞記者（後為政治家）中野正剛，以帝國航路是行經亡國之地、亡國之民的航路寫下〈亡國山河〉，如下面這般說道：

國破山河在，城春草木深。嗚呼，這是何等悽愴。自神戶解纜航行至馬賽，所經之處，國盡已亡或亡滅大半。而這些亡國之民，皆是與吾人思想情感文明相同系統之有色人種，征服他們利用他們的優勝者，皆是與吾人不同祖先不同文化的白人。吾人無怨於白人，不吝向白人學習。其若呼喊人道（humanity），我亦有人道主義之聲，若起而實行彼我宣言，則不可容許世界中存在人種不公平。因此余赴歐遊記，意外成為詛咒人種

34 大橋乙羽，一九〇〇，頁四五—四六

35 夏目漱石，一九九五，頁二〇。

36 竹越與三郎，一九〇二，頁八三、八五。

37 釋宗演，一九〇七，頁二七〇。

38 櫻井鷗村，一九〇九，頁五六二。

偏見的無韻抒情詩。[39]

雖然中野仍將亞洲人的現狀理解為「亡國之民」，但同時也強烈展現出注意到其與日本人之間身為有色人種共通性的觀點。

即使如此，中野對各停靠港人們的描述仍不免帶著輕視。他筆下上海（此時期因戰爭無法登岸，然而中野以前曾來過上海）的中國人攢動如蛆如蜂，稱不上是二十世紀的人類。而香港的中國人街區缺乏秩序且髒亂，「此民族之所以受他人壓迫，皆顯現在擠滿市街人們的面相上」[40]。

「不可輕視中國人」

不過旅行者間對中國人的認識有著相當的差異。如前面幾章介紹過，像中野這樣一味強調其不潔程度的旅行者確實不少。一九〇二年，島村抱月在香港看見湧到船邊討工作的中國人被手杖或雨傘毆打，合掌請求饒恕，感到「雖可言缺乏志氣，然彼等國民立場可悲，自成如此。（中略）整體上在上海以西，在數量上甚至是財富上，有色人種仍未劣於白色人種，然在個人層面則十分悲哀，白人總是主人，有色人總是奴僕，白人屬使役動詞，有色人屬被動型態」[41]。日俄戰爭後的〇六年，長谷場純孝巡視過上海的中國舊城區後，做出下面的結論：「支那人無論在何處皆是支那人，支那街無論在何處皆是支那街，其陋劣如例，其不潔如例，其騷亂亦如例。」他斷定，一旦走出舊城區來到英國或法國租界，不管住家還是道路皆是「歐美物質文明模範」景觀的展現，中國人卻對此毫無所感[42]。

然而在此時期的遊記中，對中國人抱著雖受制於人卻仍蘊含實力印象的旅行者也同樣醒目。如關於上海，亦有像是石川三四郎驚訝於市場的繁華，所見的中國人也不符其在日本時想像的那般懶散，而修正自己中國人印象之例[43]，但讓旅行者們特別感受到中國人實力的，則是在香港和新加坡。

39　中野正剛，一九一七，頁三二六。
40　同前註，頁三三七、三四五。
41　島村抱月，一九二〇a，頁一二二—一二三。
42　長谷場純孝，一九九一，頁四八—四九。
43　石川三四郎，一九二二，頁一一二。

一九〇〇年，芳賀矢一感到上海街頭臭氣難耐，在因卸貨而停靠的福州，他描寫湧向船隻的人們「男女老幼狀似餓鬼。日本之民無論如何貧困下等者，恐皆不致於此」，但他在香港得知中國富有者多，大型建築物多為其所有而留下十分深刻的印象[44]。同年竹越與三郎也寫下在香港英國人只握有政治和軍事權力，社會屬於中國人，貧窮的英國人由於英國醫師費用高昂，而給使用漢方的中國醫師看診[45]。一一年乃木希典陪同伏見宮赴英參加喬治五世（George V）加冕大典，其隨員吉田豐彥甚至肯定地表示，香港商業掌握在中國人手中，「沒有清人的香港，恰如失去生命的美女」[46]。

至於新加坡，小笠原長生在一九〇二年時描述，當地的中國人實際上有裸身的人力車夫、意氣風發地乘著美麗馬車者等，相當多樣，然而「他們無疑是該市經濟的原動力」，強調其經濟貢獻[47]。在更早的一八九六年出發前往歐洲的德富蘇峰，先被香港即便為英國人統治，當地中國人勢力和活動之驚人給深深打動，他感嘆中國雖不足為懼，然「中國人不可輕視」。這份感嘆到了新加坡更為強烈，讓他產生「此等英領，支那人雖不足以其富壓制領主，然已足抗衡之」的看法（《國民之友》三〇四號，一八九六年七月十一日，頁五八－五九；三〇七號，一八九六年八月一日，頁二六四）。附帶一提，南洋及日本人社在一九三八年發行的《南洋五十年──以新加坡為中心的同胞活躍》書中，則是如此介紹新加坡的中國人勢力：「此殖民地人口稀少，故若不仰賴支那人，則無事可成。」[48]

對香港和新加坡的類似看法，也可在一九〇八年沿帝國航路自歐洲歸國的櫻井鷗村身上看到。他寫下「支那人也真是不得了。使英人在此崎嶇島嶼間築東洋屈指之港，化多瘴癘毒氣之地為完善都市，而收該地商權於掌中」[49]。即使受到英國人統治，依然發揮強健的經濟實力的中國人身影，深深烙在許多旅行者腦海中。

對歐洲勢力與中國人直接且緊密接觸的區域，抱持前述看法的旅行者並不少，這點不可遺忘。然而對中國人蘊含實力的認識，最後並未反映在日後日本對中國、對亞洲的態度上。影響其後日本走向的，是日本如何能取代在停靠港中感受到的歐洲勢力，這個與歐洲之間的

44　芳賀檀編，一九三七，頁六一六─六一九。
45　竹越與三郎，一九〇二，頁七六。
46　吉田豊彥，一九九四，頁二二〇。
47　小笠原長生，一九〇三，頁二七─二八。
48　南洋及日本人社編，一九三八，頁八三。
49　櫻井鷗村，一九〇九，頁五七二。

競爭意識、擴大殖民統治的願望。

四　與歐洲的競爭以及殖民地統治政策

與歐洲競爭的日本形象

池邊三山為輔助遊學法國的舊藩主細川護成，於甲午戰爭前的一八九二年前往歐洲。他因搭乘法國郵船而停靠西貢，在當地看到兩座甘必大（Léon Gambetta，法國政治家，在第三共和政權的成立上扮演重要角色）銅像。抵達西貢前，池邊已在上海看過巴夏禮（活躍於對中、對日政策的英國外交官）像，他認為兩者皆是「蹂躪我東洋之賊人」絕非「功德者」，產生希望打倒他們的強烈願望[50]。

前面提過甲午戰爭期間池邊在巴黎感受到的高昂情緒，期望日本在勝利中展現的實力更加擴張，打造可與歐洲列強尤其是英國一較高下帝國的心態，在這個時期的旅行者中相當明顯。一八九二年單騎橫越西伯利亞而成名的陸軍軍人福島安正於九五年秋甲午戰爭結束後訪歐，他在可倫坡和錫蘭人、印度人交談時，對方反覆讚揚日本的勝利。福島詢問他們是否希望能夠強盛，反應則是「彼等黯然回答，昔日強盛之國已亡於英，今吾人無君主且皆貧，無能為力。嗚呼若日本軍隊能達此地，吾人將何等愉快」[51]。福島果然表示了「總感亡國之民哀憫無比」對「亡國之民」

圖14　上海巴夏禮銅像（鄧明主編，《上海百年掠影》，上海人民美術出版社，一九九四，頁五四）

50　池邊三山，二〇〇二a，頁二三。
51　福島安正，一九三五，頁三二四—三二五。

圖15 西貢甘必大銅像（HISTORIC VIETMAN: Tim's Dolling heritage portal http://www.historicvietnam.com/gambstta-monument/）

發出感概，同時也強化了他的認知，認為甲午戰爭中勝利的日本正是拯救亞洲人的存在。

一八九六年前往歐美旅行的遞信官僚田健治郎，他在可倫坡感嘆人們奴性的同時，在日記中寫下「至東洋之西洋人，目睹所及各地之狀，速知東洋常皆如此，誤認我日本亦同蓋非鮮事。如今唯有日本人堪洗雪東洋恥辱之任，須以此為鑑」[52]。這位田建治郎在一戰後一九一三至二三年間擔任台灣總督（首位文官總督）。

一八九八年搭乘法國船的建部遯吾見到西貢當地人及同船的印度人，

「（中國以外）東洋之國民眾，概皆疏懶無力，誠為無情狀態。振興東洋如今亦無須事事敷治，然一旦出境，更感於將來世界文明，天賜日本國民之職重大」，也再次認識到日本未來在亞洲地位的重要性[53]。他在歐洲時前往巴黎萬國博覽會（一九〇〇），看到日本館不過是英屬殖民地旁的小館而大受打擊，嘆道日本帝國何時竟成為外國的屬國[54]。一九〇〇年雖是日本加入八國聯軍，在帝國主義列強間地位大幅上升的一年，然而日本成為亞洲帝國主義大國的願望與現實存在感間仍有相當的鴻溝，建部實際體驗到這份差距。

即使在日英同盟締結、日俄戰爭勝利之後，旅行者依舊能感受到這個差距。一九一〇年前往英國倫敦日本博覽會取材的大阪朝日新聞記者長谷川如是閑，回程採帝國航路，其遊記彙整成《倫敦！倫敦？》。他在倫敦的英國觀察遍及地域、設施、建築、國會、人物等各式各樣的範疇，以銳利觀點結合豐富背景知識又妙趣橫生的筆調寫成。對帝國航路中的描述也十分有趣，比如他將直布羅陀描述為「大岩壁從背到肚子從頭到腳埋滿大砲，就像把隻普通

52　田健治郎，一八九八，頁三六。
53　建部遯吾，一九八九，頁三八。
54　同前註，頁二九九。

大蠑螺塞滿炸藥，倒放在地中海入口」。當船進入香港時，長谷川「打從內心感到不快」，理由是「自西洋盡頭來到東洋盡頭，雖也不總是都在英國警察的管轄範圍裡，說是同盟國仍不禁感到些許嫉妒」，他又以歐洲為英國所獨占，美洲大陸則為美國獨占，導出結論「東洋因尚未產生獨占者，始終為烏雲籠罩。若我日本使命在確立東洋和平，無論如何須獨占東洋和平，才合乎邏輯」[55]。

長谷川是在一九一〇年秋天有所感，當時正是日本併吞韓國後不久。翌年一一年春隨同乃木希典航行於帝國航路的吉田豐彥，抵達檳城時感嘆過去大和民族曾來往新加坡及檳城等地，但礙於江戶時代的鎖國政策中斷，寫下日本未來應發展的布局。

綜合迄今於東洋若干港灣所見，就我國商業利益發達上海恰如前衛本隊，香港、廣東為前兵，新加坡為前兵支部，檳城則略與步兵尖兵或斥候相當。若欲進一步擴展我國勢力，至少需以香港廣東為前衛本隊，以新加坡、檳城為前兵，以印度諸港為前兵支部，以使我步兵尖兵可經蘇伊士進入地中海。[56]

身為記者的長谷川所謂「獨占東洋和平」未必帶有清晰的具體涵義，陸軍軍人（時為陸軍中佐）吉田所描述的，則是日本在亞洲未來的明確構想。而在實際上，日本也如吉田所構思的形式擴展勢力，朝向建設標榜著「須獨占東洋和平」的大東亞共榮圈之路前進。

殖民統治模式的摸索

從統治台灣起，在日俄戰爭獲得庫頁島南部，到併吞原為保護國的韓國，對此時的日本而言，在亞洲的勢力擴大已非夢想而是現實中的未來形態。身為加入帝國世界的統治陣營的國家，該採取什麼帝國統治策略、殖民地統治政策，也是不少旅行者在帝國航路上思考的問題。

航行在帝國航路上且關心殖民地統治方法的旅行者們，大致上都給予英國殖民統治政策高度評價，認為日本亦應學習。

55　長谷川如是閑，一九九六，頁四三一、四七二—四七三。
56　吉田豐彥，一九九四，頁二五五—二五七。

在日本殖民統治台灣後不久的一八九六年沿帝國航路航行的德富蘇峰，在從香港寄給大隈重信的信中道：「來到當地感自由港恩惠，其與支那人勢力、盎格魯．薩克遜人規模和財富，竊以為，理台之道以此香港為範本，十分足夠」，一週後又在抵達新加坡前寫下「香港為經營台灣良好模範（中略）祈閣下大日本膨脹論有實行之日，每踏出日本一寸，此願亦隨之加深」[57]。在兩年前的九四年著《大日本膨脹論》，以「論日本國民必須膨脹之命運，論不得不膨脹之必然大勢」的蘇峰[58]，對英國將香港塑造為自由貿易港而使其繁榮的政策留下十分深刻的印象。航程中他在提供給《國民之友》的稿件裡，以「若能在台灣建完善良港，使其為自由港，並避煩冗苛雜，施以善政，可使支那人安居，歐美人悅生為我國民之情，香港商業自有幾分可轉至台灣無誤」，推薦採用香港的統治模式（《國民之友》三〇四號，一八九六年七月十一日，頁五七）。

同年，未來的台灣總督田健治郎也注意到自由貿易港統治路線。搭乘法國郵船抵達荷屬東印度群島的蘇門答臘時，他批評荷蘭統治所帶來的各種限制，將之與英國統治相互比較如下：「相反的，英屬地以香港、新加坡為首，皆為自由貿易港，免課徵稅金，賦予人民自治權，公共利益由人民自行經營。故英屬各地人口繁殖，成百貨輻輳之衢，坐握商利，致成繁盛。結果不同如此顯著。（中略）日後經營新領地者，不可不察」，稱讚英國模式為新興殖民統治國家應見習對象[59]。

一九〇〇年，大橋乙羽以其香港印象「其御國役民，幾乎就如拖拉地曳網，從容不迫，因總管堅實，久之皆入網中，可謂深知統御之法」，來形容英國殖民統治的巧妙[60]。大橋對帝國航路整體的印象與香港並無二致。他在返國後所統整的文章中論英國政府的殖民政策讓人不得不敬佩之處在於，不管是香港、新加坡、可倫坡也好，大抵都在成為英國殖民地時「即便其國民未開化人民蒙昧，亦同本國登文明之域。如茫茫荒原，一旦成為英國殖民地，忽而開墾完善，道路整齊延展如珠，鐵路鋪設如蜘蛛之網，電燈光照如晝，而所有交通機關之類首先具備」。相對的，說起日本（大橋稱日本膨脹之貌為「肥滿性膨脹」）只要比較橫濱堂皇的英國碼頭和簡陋的日本碼頭，便可了解到日本的狀態為「稱日本第一的橫濱港中，

57 杉井六郎，一九七七，頁二七一—二七二。
58 德富蘇峰，一九七四，頁二四五。
59 田健治郎，一八九八，頁三二。
60 大橋乙羽，一九〇〇，頁二五。

不是連能讓本國船隻橫靠的棧橋都沒有嗎？分明萬事皆如此，我認為不是光狂奔著誇耀日本是一等國家、一等國家的時候」[61]。

如同前述德富蘇峰的議論，在即將邁入二十世紀的此刻，將英國殖民地統治政策視為範本時，日本旅行者所想的是已納入統治的台灣。在一九〇〇年末到〇一年初以帝國航路從歐洲踏上返日旅程的池邊義象，從新加坡到香港時在船上閱讀《英國東洋殖民政策》（應是約瑟夫・夏耶・貝爾〔Joseph Chailley- Bert〕著，木村亮吉譯，《於東洋英國殖民政策》，忠愛社，一八九八）。他抵達香港後感受著書中內容，一邊感嘆英國殖民政策之巧妙，其「忍耐實在驚人」，並吟詠著「盎格魯之薩克遜人有力也，開岩建造此美殿」（不用說這是仿山部赤人『百磯城之大宮人者有暇也，頭插梅集於此間』的戲作），指出「**夢想及至新領地台灣**」[62]。

日本帝國因日俄戰爭更加擴大。在戰爭剛結束的一九〇六年，政治家長谷場純孝在大約是印度洋上說出以下想法：「我帝國在東洋的位置，實與十九世紀英國在歐洲諸國間相似，不，不如說較當時英國，我帝國負有更加重大、更有希望之責任，此不可忘。」[63]在此他所的強調也是英國殖民地統治模式。對於香港，長谷場認為該地被稱為「東方直布羅陀」除了地形因素外，更加上「未嘗不為英國政府深謀遠慮，總於此地優遇少數重要政治家，欲使成將來英國東洋政治中心，此計畫恰當之結果」，並論日本應學習英國殖民政策中採用的方法、手段。關於新加坡，長谷場則注意到鋪設到新山的鐵路，以及僅有普通教育而無高等教育（但只有醫學設有特別專門學校）的教育政策。他的著眼點在於，在如此巧妙施行的殖民統治下，英國勢力應會更加確實且穩固的成長[64]。

實際上日本在日後的殖民統治過程中，逐漸強烈地意識到要避開可能促使殖民地人民民族意識覺醒的高等教育[65]。但英國殖民統治的力量，就如同南非戰爭的苦戰展現的，已開始

61 大橋新太郎編，一九〇一，頁二七、三三。

62 池邊義象，一九〇一，頁三七—三八。強調處為原文。

63 長谷場純孝，一九九一，頁八九。

64 同前註，頁六二、七八、八一。

65 就如一八三五年托馬斯·麥考利（Thomas Babington Macaulay，英國歷史學家，輝格黨政治家）的知名備忘錄中所展現，最初英國在印度的目標，是以甚至包含高等教育在內的英語教育來養成協助殖民統治的精英。然而在認識到如此會產生不滿英國統治人民的情況下，其後的殖民統治過程中，高等教育的發展便限制在醫學等產業教育上。

顯現出大幅度的動搖。而在一九一四年後，又因一戰而面臨新的挑戰。

五　第一次世界大戰期間的帝國航路

戰火下的帝國航路

一九一四年夏天第一次世界大戰爆發，大幅改變了帝國航路面貌。歐洲各國在帝國航路上的航線中止，就連一四年八月二十三日對德宣戰的日本，日本郵船航線也因九月到十月間德國巡洋艦埃姆登在印度洋活動而暫時關閉。十一月初埃姆登被澳洲皇家海軍艦隊擊沉後，日本郵船恢復航運，然而在一五年末自馬賽返航的八坂丸在賽得港附近遭德國潛水艇擊沉後，往歐洲航線便改由繞行南非好望角。不過，日本海軍艦隊仍經由蘇伊士運河前往地中海。日本參戰後不久，英國政府便請求日本海軍派遣軍艦至地中海，日本方面以海軍任務為防衛國土，沒有能力派遣海外，採取拒絕的態度。但在戰局膠著下，困擾於德國海軍活動的英國，於一六年末再次向日本提出派遣海軍的請求，日本這次以回應請求的形式，編成第二特務艦隊派至地中海，執行護衛協約國運輸船的任務[66]。

在這樣的背景下，旅行者人數自然減少，但仍有人前往戰火中的歐洲。不用說，他們在旅途中強烈感受到戰爭的存在。

一九一五年，在民間船隻依然採行蘇伊士運河時赴歐的中野正剛，他航行在蘇伊士運河時，記錄下印度士兵得知可能會遭到土耳其（鄂圖曼帝國在一四年秋以德國同盟參戰）方面狙擊而防衛運河。但在中野通過運河的一五年四月，此時的賽得港雖有大批軍艦出入且警戒嚴密，但地中海尚未成為危險區域[67]。

翌年航線改行好望角後，其中一位旅行者是法國文學家吉江喬松。出發前周遭以巴黎亦可能遭受戰火波及而有危險，勸他取消行程，但他仍在一九一六年十月前往巴黎。其所搭乘的日本郵船宮崎丸在船首裝備了大砲，乘客們則在印度洋的航程中、以及繞過好望角後的大西洋海面上，反覆進行將為預防德國潛水艇襲擊而準備的小船下水訓練。根據吉江紀錄，在

66　平間洋一，一九九八，第五章。
67　中野正剛，一九一七，頁四一〇—四一五。

印度洋上的訓練還有幾分遊樂氣息，到了大西洋時便相當認真。實際上吉江的航行雖然平安落幕，但宮崎丸卻在次回航程中被擊沉在大西洋[68]。

關於經帝國航路前往地中海支援協約國船艦的日本海軍軍艦航行之旅，海軍中尉片岡覺太郎以幽默洋溢筆調留下了遠征紀錄。他所搭乘的驅逐艦松在一九一七年二月從佐世保出發，佐世保的市民以為此趟遠航再遠也頂多是到新加坡執行警戒。在出發執行具備如此意外性任務時，岡本激動表示「沒有半點生還的打算」，他氣勢高昂：「吾人此行目的是戰爭。（中略）再來就是到輕蔑我們是小日本（Japa）的西洋人眼前，帶著小日本自己準備好的艦隊，讓他們見識有骨氣的小日本實力。世上還有比這更愉快的事嗎？」包含松在內的第二特務艦隊在新加坡集結朝地中海前進，片岡在阿拉伯海上想起中井櫻洲的漢詩（參照專欄一），在紅海上進行艦隊訓練時產生「橫跨亞非兩大洲間的廣闊海面，為旭日旗所壓制，實際置於帝國實力之下，實在痛快」的感想[69]。

不久後，海軍中佐白戸光久以巡洋艦日進的水雷長，自一九一七年四月起在印度洋上執行護衛英國船艦的任務。護衛結束後白戸應前往西澳大利亞的費里曼圖（Fremantle）補給和休息，卻遭到拒絕而被轉往奧巴尼（Albany）港，然而英國船隻卻在費里曼圖接受補給。

這個經驗讓白戸「感受到澳洲官方不親切，得知連此等偏僻殖民地亦瀰漫排日思想，又感氣忿」[70]。經歷此事後，白戸一度回到日本，又在九月出航護送法國船艦到賽得港，經蘇伊士運河航向地中海。白戸強烈批判當時眾議院選舉法並未賦予現役軍人選舉權，是政治意識相當高的軍人，並認為「軍艦所向之處，常伴隨著商業利益」。他見賽得港當地人欠缺具備尊嚴國民應有的自尊心，感其失去獨立地位之必然，不過白戸也忍不住感慨同時映入眼中的日本人，體格貧弱、姿勢不良。在自賽得港返國途中停靠的新加坡只有醒目的娼妓而找不到成功的日本人，白戸嘆息「吾人自任為新興有尊嚴之國民，見同胞於海外街頭施粉黛逢迎賣笑，感一等國民之自負極度毀損，亦不禁感嘆這些眼中只有金錢的利己之徒，污損國家體面之甚」[71]。正因參與大戰，感受到日本勢力的提升，白戸對停靠港中的日本人評判也相當嚴格。

68　吉江喬松，一九四七，頁二四二、二四八、二六一、二七五。
69　片岡覺太郎，二〇〇一，頁二五、二八、二九、六四、六八。
70　白戸光久，一九二〇，頁一五二。
71　同前註，頁一一〇、二二八、二五〇。

大英帝國的動搖

第一次世界大戰呈現的是以英國為首的各帝國，動員各自帝國內部人員和資源投入的戰爭，筆者將之稱為「帝國總體戰」[72]。大英帝國亦自印度動員超過一百萬人派往歐洲或中東前線。在帝國主義列強勢力擴展的中國裡也有許多人（達十四萬）先由法國，其次由英國，運送至歐洲戰場擔任勞工。

一九一七年，神通丸資深船長加藤久勝在自神戶經大連前往新加坡的航路上，在驚訝原本大小船隻交錯通行的海面「船影寥寥可數」中抵達可倫坡，在那裡看到「載滿支那人」的「某國大汽船數艘」。他對此情景的印象是「其所去處在此無須說明。全身赤裸的銅色支那人，滿溢在甲板上下甚至艦橋之上，載貨所餘處皆為支那人，蠢蠢而動之狀，彷彿當年奴隸貿易船。」他看出來，認為地球是為自己所創造的白人們，至今將中國人放逐在世界各地，然而「如今受戰亂所迫，為補充失去的壯丁特地出航，將其運送到遙遠的西歐」[73]。加藤的觀察正確，他抵達歐洲在法國所見的景象，也再次證實他的觀察。他看見來自英、法、美、俄，還有摩洛哥、阿爾及利亞、印度、印度支那的軍隊，唯獨沒有看到日本兵，並寫下：

支那南方招募的廣東人，穿著件不合身的法國士兵制服，闊步生風之狀略顯滑稽。而說起身軀雄壯的印度士兵，多年無法擺脫英國統治，忍耐屈從於附屬中，如今受徵召立於戰場的哀傷，除了沉默悲壯外還能是什麼。印度物產豐饒，人民剽悍，以英國寶庫著稱，而在國家滅亡，喪失獨立下，不過僅是計無可施，唯命是從的從僕。我不得不為印度士兵掬一把同情之淚。[74]

「帝國總體戰」中產生了對此情況的抵抗，與帝國航路有關值得一提的例子，是發生在一九一五年二月十五日駐新加坡印度穆斯林士兵的叛變。印度士兵受到動員的情報傳入新加坡，被命令移往香港的士兵們，相信自己將被送往歐洲戰場的謠言而起身反抗。這場叛亂在日本海軍及旅居新加坡日本人對英國方面的協助下很快地平息，但依然在當地留下巨大衝擊。

72　木畑洋一，二〇一二。
73　加藤久勝，一九一八，頁三三、頁四六—四八。
74　同前註，頁一〇六。

在翌月三月底到達新加坡的中野正剛，路過印度士兵叛變的現場，他寫下「道路逐漸狹窄，兩側樹木益發高大。蒼鬱樹蔭遮蔽月光之處，據說是先前叛變印度士兵狙擊白人留下的痕跡。全不見人影，無聞人聲」。離開現場後，中野想到英國借助日本人來鎮壓這次叛亂，他認為「雖英國人向來輕視有色人種，實際上，若非借用有色人種的日本人之力，便無能統御同為有色人種的印度人、支那人、馬來人」。此叛亂本身不過小事，然而「英人驚惶失措，明顯助長土著的輕視。（中略）至今視白人為鬼神的土人，其畏怖不再之際，看重體面的英國人是否還能淡然平靜以對？」中野更進一步敏銳觀察到「帝國總體戰」出現破綻的意義。[75]

印度士兵叛變一年多後，在一九一六年八月抵達新加坡的水野廣德（他雖是海軍軍人，但此程是自費赴歐），感受到當地自前年「土人」騷亂以來，英國當局對外國人警戒增強，對日本人亦戒備甚嚴。加上與訴說亞洲人必須團結對抗英國的印度艙面乘客接觸等經驗，水野和中野同樣地感受到英國統治勢力的動搖。新加坡的戒備透露出英國將日本人視為麻煩，然而在印度人的反英情緒和獨立意向逐年增強的狀況下，水野認為英國應在「對日本人施壓前，先減緩你們對印度人的欺壓吧。（中略）在懷疑日本人之前，去聽聽印度人對你們的怨言」[76]。

不管是中野還是水野，都認識到英國殖民地統治方式的巧妙。離開新加坡後，中野在檳城寫下的感想中指出，英國在殖民地不施行嚴格法令，同意當地人發行報紙等，容許言論出版自由，行政亦相當簡化；而英國官員在面對殖民地人民時尊重民意並表現出斟酌態度，他以這些例子論證其統治手腕高明。在中野看來，英國在統治殖民地上展現出超越日本朝鮮總督的考量，官員態度也和日本完全不同[77]。而水野則認為，英國在香港實施的政策中不可遺漏的是造林工作，「竟化岩石為綠林，英人之熱心努力令人讚嘆」。而在可倫坡，水野注意到英國懷柔當地的富豪等人士，利用他們的勢力來統治一般人民[78]。

他們都感受到，即使在如此巧妙的統治策略下，英國對殖民地的控制確實在動搖。在錫蘭遇到一位公開批評白人的青年後，中野感受到即使在這場大戰中沒有發生倚賴德國方

75 中野正剛，一九一七，頁三七一、三八七、三八八。
76 水野廣德，一九二三，頁九六、一四五、一七一—一七二。
77 中野正剛，一九一七，頁三八九—三九一。
78 水野廣德，一九二三，頁八五、一七〇。

面的印度人叛亂，印度人也將從「惰眠期」進入「奮鬥階段」，英國統治印度的前景絕非樂觀[79]。水野也認為，前述英國統治當地人的手段或許相當有效，但只要人民產生自覺，對殖民統治的反抗會相當大[80]。

對於英國殖民統治力量的鬆動，法國文學家吉江喬松的觀察引人深思。他搭乘的航線繞過好望角，進入大西洋後停靠在西非法國殖民地塞內加爾的達卡（Dakar）。吉江感受到和沿途經過的英國殖民地相較，此地顯得寂寥，他寫下這段文字：

英國殖民地和法國殖民地的差異，在於一方看來繁榮，卻透露著不安，似乎無法持續長久；另一方貌似停頓，卻帶著親切和心安。／在英國殖民地中，英國人是徹頭徹尾的統者，自成階級君臨其上，繁榮只能在商店找到。統治者和被統治者間，生活分成了兩個階級。不通婚。在法國殖民地，常能見到兩者間生下的孩子穿梭在街頭。這裡就算沒有興旺的商店，至少能見到連結著雙方的生活。有同化，有親善，有心安，逐漸融合為一。[81]

日本的前途

在帝國航路上目睹大英帝國動搖姿態的旅行者，對日本在亞洲的將來有何展望？

中野正剛思及萊佛士在新加坡的作為，認為「嗚呼今之世界，列強於南洋勢力範圍已定，然若是通商貿易、開墾種植之業，吾日人可活躍之地甚多」。若從葡萄牙、西班牙、荷蘭這幾個例子來看，英國是否能繼續維持日不落帝國的廣大領土也是疑問，他的看法是：「大和男子仰望新加坡碼頭萊佛士銅像，絕不需欽羨盎格魯．薩克遜人。經濟上耕耘新天地，人道上排除種族壓迫，使東西人種立於相同水平線的使命，由吾人肩負[82]。」其子中野泰雄在父親的評傳中，以「昭和十七年（一九四二）二月，在日軍占領新加坡後，贊成採取利用初戰成果，以終結戰爭的行動時，浮現在他胸中的或許就是這個想法」詮釋了這段文字。[83]

79　中野正剛，一九一七，頁四〇三—四〇四。
80　水野廣德，一九二二，頁一七〇。
81　吉江喬松，一九四七，頁二五四—二五五。
82　中野正剛，一九一七，頁三七四—三七五。
83　中野泰雄，一九八八，頁一七三。

中野的看法在經過檳城後，轉化成以下文字：「在白人之上建立黃人國，絕非吾人理想。絕不驕橫，絕不強逼，東西兩人種在相同地平線上，共享人類之樂。」中野從日本出發，在航路上所見的「有色人種們」皆「相率仰慕我國，感敬畏而起，見此不禁私下竊喜」[84]。

中野夢想日本能成為帶領亞洲人，立足於以英國為首白人勢力的「相同水平線」、「相同地平線」上的存在。相對的，海軍中佐白戶光久在可倫坡接受當地人帶著好感的對待，他認為印度人和中國人不同，多少具備「國家的觀念」，同時感受到他們對日本「似有視為東洋宗主國，暗中仰賴之念」[85]。神通丸船長加藤久勝，在提及日本海軍護衛協約國船艦的情況時，以「戰亂一度平息，旭日光輝照耀歐洲天空之日，十億有色人種果還能如戰前般，居於白人制定有色人種理論下，做個依然柔順的童僕嗎？／日俄戰爭已帶給他們思想上的巨大刺激，如今又在歐洲戰亂之際與白人並肩奔馳硝煙中，或許能產生出什麼樣的自覺吧」，期待亞洲發生變化，日本能登上領導地位[86]。對帶著如此期待的加藤而言，他在返回日本的航程中，因身為有色人種而無法取得南非的登岸許可，是十分嚴重的恥辱，新加坡以娼妓為代表的日本人情況，讓人忍不住悲嘆。加藤認為「天草娘子軍*如百鬼晝行[87]，其醜態筆墨難以形容」，感嘆「日本民族在此天涯之地，不靠丟臉的醜業婦們甚至無法自立，是何等缺乏志氣」。被稱為列強的國家皆領有熱帶殖民地的狀況下，加藤稱日本「應在此百尺竿頭更進一步」。[88]

旅行者們就像這樣，在一戰期間的帝國航路中意識到歐洲統治勢力動搖，對日本未來的期待升高。但其中也有以不同形式確認日本地位者，島崎藤村便是一例。

藤村於一九一三年搭乘法國船前往法國，一戰開戰時身居巴黎，一六年返國。他回國後將這趟旅程紀錄彙整成《向海》。根據這本遊記，對赴歐途中最早停靠的上海，藤村感覺仍像在日本。他寫下：「輕率地招搖自己是世界一等國的國民，對加入歐洲人行列自豪無比，得意於暴打無知的支那人，我想去找不到這樣同胞們的地方。我想忘記這一切。忘記我愛的

84 中野正剛，一九一七，頁三九五—三九六。
85 白戶光久，一九二〇，頁一三九。
86 加藤久勝，一九一八，頁一一八—一一九。
* 譯注：娼婦中有不少來自熊本縣天草諸島，故以此指稱。
87 衍生自百鬼夜行。
88 同前註，頁二五二、三二五、三二七、三四一。

日本。」藤村雖出於個人因素被迫赴歐，在他熱愛日本的心中，朝歐洲出發時亦懷有希望遠離因加入歐洲行列，開始以大國自居的日本的心情。他在航行於阿拉伯海時，聽到同船猶太人指責日本在中國、朝鮮的殖民政策，批判日本人太過狡猾，「就連想要忘記所愛的國家而啟程的我，在旅程中聽到這些話，仍感到火大」，留下誠實的感觸[89]。

經過漫長航程抵達法國里昂，藤村回顧自神戶出發後沿途停靠的英國以及法國殖民地（他在途中拜訪了西貢和吉布地），在當地看到的事物「全是移植自歐洲，不純的，殖民地風格的東西」。到達里昂後，他才感覺自己來到「有著純粹事物之處」[90]。

爾後藤村居住法國超過三年，期間歐洲進入一戰。小谷汪之認為在旅法期間，藤村越是有意識地面對近代西歐，越是牽動他心繫民族和國家的情感[91]。

藤村帶著旅居歐洲的經驗，一九一六年七月在倫敦搭乘日本郵船熱田丸，踏上經由好望角返回日本的歸途。對中途停靠的南非開普敦，他的感想是：「用目睹過歐洲的雙眼來看非洲殖民地，至少歐洲有著純粹之物，這裡有的是硬塞進外來勢力打造的混濁。」純粹的歐洲與遭強制摻入雜質的殖民地，這個對比是藤村一貫的世界觀。接著，藤村道：「要用看過這樣殖民地的雙眼，再見自己的國家，我不知怎麼地感到不安。」[92]

《向海》中關於日本的部分，表現在藤村與其稱為異鄉人（如小谷指出，這是藤村創造出的分身，並非實際存在人物）間的對話中。異鄉人表示長崎、神戶竟沒有菈入新加坡的局面，藤村則回答，印度、埃及或土耳其只有古代和近代，但日本曾經歷封建時代，日本軍隊的實力也是自封建時代延續而來，「我的國家能有今天，是拜封建時代所賜」。在回國後於京都寫下的感懷中，他提及英國殖民地的遼闊，並指出在其中活動的英國殖民者素質低下（缺乏顧慮、怠慢、暴發戶），殖民地中遍布此類人等，表面繁榮昌盛，內部凋敝。藤村認為日本能免於成為這樣的殖民地，多虧「遺留著封建制度的近代化」[93]。

對以如此角度觀察歐洲諸國的殖民地統治，同時重新檢視日本地位的藤村而言，他和日本應與歐洲列強對抗，建立更加強大帝國的想法無緣。藤村分身的異鄉人，在藤村抵達上海

89　島崎藤村，一九六七a，頁一五—一六、三七。
90　島崎藤村，一九六七b，頁二〇六。
91　小谷汪之，一九九一，頁六五—六六。
92　島崎藤村，一九六七a，頁一〇五。
93　同前註，頁一二一、一七五。

時指出當地一半是殖民地，並表示「真正的獨立，到達神戶前是看不到的吧」時，半是嘲弄地笑道：「回去看看——若你國家的神戶看來不像殖民地，就太幸運了。」[94]島崎藤村在區分殖民地區與日本差異的同時，一方面也強烈感受到其中的共通要素。

然而，期望日本帝國擴張的傾向，在一戰結束後航行於帝國航路的旅行者身上，變得更加強烈。

94　同前註，頁一四五。

專欄三 長眠於香港、新加坡的唐行女們

十九世紀末到一戰間在帝國航路沿途的停靠港中，最能標誌出日本人存在的娼妓們（唐行女），大部分都在當地去世，靜靜長眠。筆者曾拜訪她們在香港和新加坡的墓地。

在香港，面對跑馬地馬場的香港墳場中有她們的墓。香港墳場雖然也葬有中國人，大半的墳墓仍屬於英國人。我在墓園一角找到日本人下葬的區域，但沒有馬上看到像是唐行女的墓。將此區深處也搜尋過一遍後，才發現從大正八年香港日本人慈善會所立的莊嚴石碑再略為往前一些的地方還有路能走。沿路往前，震撼的景象浮現眼前。在盡頭的狹小空地裡，排列著四座常規墓碑，和大約二十五個只刻著數字的小石塊。石塊依序安放在每座墳前，推測作用是標示墳墓編號，但這裡沒有記載死者姓名的墓碑，只有這些刻上編號的石塊。

這裡就是唐行女長眠之地。此處飄散著難以形容的氣氛和閉塞感，在只有編號的小石塊前，只能暫時沉默佇立。後來又再留意過，發現香港日本人慈善會的石碑附近，也散布著同樣的小石塊。

圖16 長眠於香港的唐行女墳墓

她們在新加坡的墳墓，位於中心區往北一小段距離的實龍崗日本人墓地公園。這座墓園最早可以追溯到一八九一年，二木多賀次郎同情在新加坡壯志未酬者而死去之人，向英國方面請求將自己橡膠林和相鄰的公有地劃為日本人專用墓地。齋藤茂吉曾在一九二一年前往留學途中拜訪此地，詠唱「標示『日本人墓園入口』的遊子樹是多麼哀傷」[95]。墓園在第二次世界大戰後以敵方財產遭到沒收，之後經歷曲折，一九八七年今日的墓地公園落成。

在悉心照料，充滿綠意的墓地公園中，有幾處散布著小小的四角石柱，錯落於普通墓碑之間。這些小石柱便是唐行女們的無名墓。關於這些墓，也設有說明牌。根據說明，唐行女中許多人是在貧困中病歿，墳上豎立的大多是木製墓標，但因歲月流逝腐朽，作為日本人會的共濟會為這些無名墓立起刻著「精靈菩提」文字的小小墓碑。確實，可以在其中幾座墓碑上辨認出這四個字。雖然墓碑不像木製墓標會腐爛，但有許多座傾斜著，宛如唐行女們的嘆息依然縈繞在四周。

而在普通墓碑中，有許多名字刻著「妙〇信女」，比如像是妙經信女、妙虔信女、妙衡信女、妙高信女，這些也是唐

95　齋藤茂吉，一九五二，頁三四六。

圖17　長眠於新加坡的唐行女墳墓

行女（但並非無名墓）的墓。

和被塞進墓園角落的香港相比，新加坡甚至有唐行女才是墓園主角，其他墳墓是其間點綴的感覺，整體印象相當不同。附帶一提，一九〇八年以朝日新聞特派員赴俄，因病在翌年循帝國航路返日，途中病歿於印度洋上的二葉亭四迷之墓（其遺骨安葬於東京染井靈園，但新加坡亦設有墳墓），就在這座墓地公園的最深處，睥睨著唐行女們長眠的空間。

第五章

挑戰歐洲

——一九二〇～三〇年代

一 帝國世界重建期之旅

帝國世界的危機和重建

一戰大幅改變帝國世界的面貌。戰敗的諸帝國解體，中歐和東歐在哈布斯堡王朝後誕生許多新國家。德意志帝國和鄂圖曼帝國的領土則由國際聯盟以託管方式委託給英、法、日等國。託管制度從那時起便被叫做「隱形併吞」，實質上除了擴大託管國家的殖民地範圍以外別無其他，然而在必須採取通過國際同意形式的這一點上，反映了時代的變化。

時代的變化，意味著帝國世界開始邁向解體。在經歷「帝國總體戰」的過程中，殖民地人民之間要求擴大政治自立，或更進一步尋求獨立的浪潮增強。其中最知名的例子是印度的甘地。他為了擴展印度自治，推動印度人協助英國戰爭，但在期望落空後，正式步上反英民族運動家的道路。挑戰殖民地統治的運動受到一戰末期浮現的民族自決論鼓舞，再加上俄國革命後的國際性社會主義．共產主義運動發展的推波助瀾，動搖了帝國主義世界。

英法等國面對殖民地民族運動採取守勢。至於日本，除了將所託管的赤道以北舊德屬南洋群島*納入帝國版圖管理，更採取積極策略擴大在中國的勢力，一九三一年引發九一八事變，在翌年成立傀儡政權「滿洲國」。和日本的對外擴張形成連鎖，三〇年代中葉起歐洲的義大利和德國也開始擴張領土。對這些改變一戰後帝國世界構造的攻擊性行動，英、法採取所謂「綏靖政策」，做出一定程度的容忍，以求在整體上維繫帝國世界。然此策略失敗，第二次世界大戰爆發。在上一章開頭曾提及日本在帝國世界完成期的重要性，日本在導致二戰開始的帝國世界重建過程中，也扮演了關鍵性的角色。

多樣化的旅人

帝國航路上的旅行者以各種形式感受到，日本的國際地位在成為一戰勝利國後更加提升。例如在二戰後成為首位民選東京都知事的安井誠一郎，一九二二年時以內務省青年官僚身分啟程前往德國留學，他抵達歐洲在巴黎首先感受到的是身為勝利國國民能昂首闊步的驕傲。即便語言完全不通，感覺也像在日本國內般能自然地行動[1]。由於日幣在大戰後大幅升值，日本人在歐洲做出今日所謂「爆買」的舉動也廣為人知。根據經濟學者脇村義太郎介紹，這個時期的文省部留學生他們人生中最好的日子，還有著「前往柏林舊書店，以書架為單位買書」的傳聞[2]。

因大戰結果而受苦的人們，特別是逃離革命俄國的俄國人，擾動著戰勝國國民的日本人自尊心。大戰結束後未滿半年的一九一九年五月，已預料當時召開的巴黎和會中的和約條件無法滿足日本，為「研究帝國前途的各種問題」而赴歐的新聞記者山田毅一，其搭乘的船上有四、五名俄國人。有對夫婦帶著小孩生活在甲板上，山田看著為了逃離革命前往西伯利亞或國外的他們結果還是得以海路回國，在不禁心生同情的同時，寫下「寧死不為亡國民」[3]。同樣身為新聞記者的杉山益一郎，二一年隨同農業學者參加在瑞士舉辦的第三屆國際勞動組織大會時，在自門司到上海的航程中與因俄國革命而家族離散、逃來日本但最後還是要回俄國的「一位悲哀的亡命俄國人」同船[4]。二二年出發遊歷歐美的歷史學家煙山專太

＊　譯注：即屬新幾內亞赤道以北的島嶼。包括北馬里亞納群島（關島除外）和加羅林群島。
1　安井誠一郎，一九八六，頁二三。
2　脇村義太郎，一九七六，頁四四。
3　山田毅一，一九二〇，頁六〇。
4　杉山益一郎，一九二五，頁二六。

郎，和他搭乘同艘法國郵船的二等艙船客，大部分是因返鄉路途遭布爾什維克阻斷，不得已採取繞行路線返國的俄國人[5]。同樣在二一年出發視察歐美戰後電力狀況的電力事業家林安繁，則強調一等艙乘客多為日本人，可說是形成對照。

林安繁列舉出一等艙的日本乘客職業，按其所列，包括有教育家、官吏、鐘錶業者、電力公司業者（這應該是指他自己）、泵浦公司業者、毛織品業者、絹布商、運輸業者、陸海軍人、書法家、醫師（包括外科、內科、齒科，齒科中有研究牙科醫術歷史的志願者）等在帝國航路上航行[6]。和前一章所討論的時期相比，循帝國航路出海的旅行者更加多樣化。

皇太子之旅

各式各樣曾航行於帝國航路的人們中，也包括皇太子裕仁（後來的昭和天皇）。皇太子在一九二一年三月初自橫濱出航，中途暫訪沖繩後沿帝國航路航向歐洲，五月到七月間訪問英國等五國，七月起自義大利出發返國，九月初回到橫濱。這趟歐洲之行，常以拓展皇太子視野之旅在昭和天皇論中提及，然而對於循帝國航路往返的航程經歷卻少有論述。

皇太子本人在抵達英國後發表的感言中如此說道：

予此次由東向西，沿世界大道旅行，途中停靠英領諸港，即香港、新加坡、可倫坡、賽得港、開羅、馬爾他、直布羅陀，在此各地，予受到無論英國官員，且其統治下人民誠摯歡迎，盡情款待，展現友好情誼，對此予感激不盡。在此各地中，予不僅參訪諸名勝，留下永難忘懷的印象，並得到良好機會，視察最能展現英國當局優秀施政的各種設施。[7]

當然，從這樣的外交辭令中，無法得知皇太子在帝國航路上的實際感受。然而圍繞在這趟旅程的停靠港情況，充分展現了這個時代的特徵。

這又以香港最為明顯。根據《昭和天皇實錄》，在香港舉辦了由總督主辦的晚宴，雖然總督方面希望能盡地主之誼招待皇太子，但由於香港距離朝鮮愛國志士所在的上海、廣東等地較近，也易遭反對皇太子外遊的日本人潛入，皇太子並未出席，而是由隨行的皇族軍人閑

5　煙山專太郎，一九二八，頁八。

6　林安繁，一九二三，頁二五。

7　昭和天皇，二〇一五，頁一一七—一一八。

院宮代理出席[8]。反映出在朝鮮三一運動（爾後在上海設立了大韓民國臨時政府）發生約兩年後的日韓關係。

然而這趟旅行目的是海外參訪，加上不可讓皇太子失望的顧慮，皇太子裕仁仍祕密登陸香港。當時採取了相當巧妙的方法，隨行侯爵小松輝久以總督座車訪問官邸，藉著這個宛如皇太子的行動進行掩護，皇太子本人則隱密地進入香港[9]。此趟香港行程中值得特別提起的，大約是皇太子踏入令日本人感到極度不潔的舊城區，引述隨團新聞記者溝口白羊文字，做了「特別留意下級支那人生活」的視察。皇太子感到十分滿足，表示「走在久違的陸地上非常愉快。特別是今日收穫良多」[10]。

圖18　站在金字塔前的皇太子與艾倫比元帥（Edmund Henry Hynman Allenby, 1st Viscount Allenby）（大阪每日新聞社編，《皇太子殿下御渡歐記念寫真帖　第四卷》，一九二一，國立國會圖書館藏）

皇太子在訪問新加坡時同樣採取祕密行動。《海峽時報》（*The Straits Times*）在三月十八日關於皇太子來訪的報導中，稱其香港行程「充滿謎團」，且「可預見皇太子在新加坡的訪問，也將圍繞在神秘的氣氛中」。皇太子雖然參觀了植物園、由日本人經營的橡膠園等地，但與香港相同，由新加坡日本人會所主辦的晚宴僅由閑院宮出席。根據溝口的紀錄，在新加坡參觀時皇太子被鋪設良好的道路感動，更參觀了中國人苦力（肉體勞動者）等裝載煤炭的情況。周遭雖有意制止，皇太子對此則表示「特別想參觀這項髒污的作業」[11]，加上對香港舊城區的視察，展現出其較普通日本旅行者更積極關心當地狀況的樣貌。

在新加坡的下一站停靠港可倫坡，皇太子則是出席總督舉辦晚宴、參觀大象遊行，行動上自由許多。對此《昭和天皇實錄》的說明如下：

---

8 同前註，頁四一。

9 根據香港總督司徒拔提交英國殖民地部的報告，此方法是由英國方面提案（一九二一年三月十八日，司徒拔〔Sir Reginald Edward Stubbs〕致殖民地部書簡，英國國家檔案館）。

10 溝口白羊，一九二一，頁八一—八二。

11 同前註，頁一二三。

在香港、新加坡的行程極為保密，皆為私人活動並受到限制，相對的，在錫蘭的行程則頗為自由，亦參加官方活動。理由是錫蘭離朝鮮獨立運動後方基地的上海遙遠，危險降低，且在香港．新加坡實際體驗到英國方面的警備值得信賴。加上因駐英國特命全權大使林權助勸告，判斷若讓英國皇帝指示下的歡迎付諸流水，對英國政府警備抱持懷疑的態度並非上策。[12]

皇太子之旅的情況，充分顯示出當時日本在帝國航路上的勢力。日本在至新加坡為止的停靠港的影響力，與在其以西地區的影響力，其強度完全不同。在稍後的一九二九年訪問歐洲的美術史學者相良德三，觀察到雖直到新加坡仍有日本人，然再往前行便無，做出新加坡以西並非日本勢力範圍的結論[13]。對此情勢，在三六年旅行的作家武者小路實篤描寫為「到新加坡為止仍有我的忠實讀者，從檳城起已非我勢力範圍（？）」[14]。

在帝國航路上日本影響所及的範圍裡，皇太子一行不得不抱持強烈警戒心。當接下來接近英國，警戒的必要性雖然減低，然而另一方面，他們在埃及感受到大英帝國的動搖正在增強。名義上屬於鄂圖曼帝國一部分的埃及，實質上自一八八二年起便受英國統治，並於第一次世界大戰爆發後成為英國保護國，名實皆納入大英帝國版圖中。以脫離英國而獨立為目標的民族運動，在巴黎和會召開中的一九一九年春天興起（一九一九年革命，關於此後面將再提及），此後埃及持續處於不穩局勢中。皇太子一行人在開羅感受到這份氣息。根據溝口的紀錄，隨行成員的住宿旅館恰好也是「埃及獨立黨代表札格盧勒帕夏」（一九年革命的領導者薩得．札格盧勒〔Saʻd Zaghlūl〕）下榻處，許多民眾圍繞著飯店喊叫「埃及是埃及人的埃及」。聽著這些呼聲，溝口感受如下：

這是如何強烈而隱含力量的呼喊啊。長久以來白人總相信自己文化是最優秀的文化，頭腦在智力上也比有色人種優越，總是壓迫有色人種，盡各種力量強加己身文化於有色人種，然白人可誇耀其壓迫有色人種的優越權力至何時，確是值得懷疑，當數量凌駕於白人的有色人種皆徹底覺醒之時，那麼今日流於惰性和因襲的白人文化，在有色人

12　（昭和天皇），二〇一五，頁六三。
13　相良德三，一九三一，頁四八—四九。
14　武者小路實篤，一九八九b，頁一五六。

前又有何可誇耀之處？[15]

英國最終無法抑制埃及的局勢變化，雖然僅止於形式，但在翌年一九二二年承認埃及獨立。

很遺憾地，我們無法得知在上海及香港行程中展現出對當地人生活樣貌抱持著關心的皇太子，對當時的開羅氣氛有什麼感受。在向兒童介紹皇太子之旅的《寫給少年少女的東宮御外遊記》中如此問道：「對眼前舊世界文明大國的埃及山河，殿下心中有著如何感受？而今此國之民族在英國統治下，逐漸建立組織朝自治邁進的姿態，在殿下眼中留下什麼樣的印象？」[16]

關於一戰後，包括埃及在內的大英帝國動盪與帝國航路上旅行者間的關係，將留待之後敘述。

走向第二次世界大戰之道與帝國航路

圍繞在帝國航路的國際政治情勢，在進入一九三〇年代後出現巨大的變化。日本三一年起對中國東北（滿洲）展開侵略，引發中日雙方三二年一月在上海的戰爭（一二八事變），直到五月初經英國調停締結停戰協定為止，上海都是戰場。三五年秋天，緊接在日本之後決心以武力對外擴張的義大利入侵衣索比亞，意味著帝國航路要道紅海的鄰近之處發生戰爭。三七年七月中日戰爭爆發，在上海展開激烈戰鬥。

循著旅行者的紀錄，來看看上海的變化。

一九三二年六月，在一二八事變後不久即停靠上海的皇道主義者教育家（東京府立第六中學校長）阿部宗孝，記下感想：「吳淞砲台遺跡被破壞得體無完膚，無數大小孔洞所到之處洞口大開。見之，不禁戰慄。站在台上望向吳淞口，黃浦江入口近在眼前，僅不到兩公里。推量當時我海軍悠然航行敵前的果敢行動，如實展現出炸彈有著何等恐怖威力，我暫時說不出話來」[17]。

15 溝口白羊，一九三二，頁一九九—二〇〇。
16 冬夏社編輯部，一九三二，頁七六。
17 阿部宗孝，一九三四，頁八。

一九三六年秋天在訪問歐美歸國途中順道前往上海的實業家松本龜太郎，在上海市內到處看到中國人把搬家家當堆在人力車上覺得可疑，當他聽到這是受不了一二八事變的人們因擔憂「第二次事變」而逃進中國人居住的舊城區內時，才恍然大悟[18]。

一九三七年實際引發「第二次事變」的中日戰爭即將爆發前，在六月停靠上海的童軍教練福田喜三郎因市政府建築的雄偉而感動，他在上海成為戰場後回國，看到新聞影片中的情況表示「已不成原形」，對上海遭受破壞的嚴重程度感到吃驚[19]。

一年多後，在一九三八年秋天途經上海的作家野上彌生子如此描寫受中日戰爭改變的上海情況：

> 即使同樣是上海，我來到的也是和一年前不同的上海。我在親眼看見東百老匯路上被大砲炸出大洞的牆、屋頂被炸飛房屋的瞬間清楚體會到這件事。外白渡橋北半側由日本士兵，對面南半側由粉紅色臉龐，穿著短褲的英國士兵戒備。除了日本人外，拿著刺刀的士兵一個不漏地檢查後才放行，往來兩岸的眾多行人在那裡慢了下來，在橋上聚成厚實人群。滿載戴著卡其色戰鬥帽士兵的卡車快速駛過其中。[20]

附帶一提，在上海前往舞廳，野上看見享受著跳舞的中國人，想到年輕人們在戰火中遭受砲擊時依然照跳不誤的說法，「他們的表情雖是瀟灑平靜，卻透著一股讓人難耐的焦躁」，心中五味雜陳[21]。

一九三〇年代拉開第二次世界大戰序幕的國際緊張情勢，除了前述直接遭受戰火波及的地區外，也在帝國航路上落下了陰影。日本行動使英國提高警戒，其影響隨處可見。三六年五月停靠香港的政治學者岡義武，對當地的印象是「香港是美麗的港。市區整體宛如公園。然而此時香港的防備顯著地強化。國際政局的黑霧也逼近了山與水和這座美麗的城市」[22]。而在三七年三月途經新加坡的礦山學者兼俳人山口青邨，放棄前往旅行者們必定會造訪的馬來半島南端柔佛（Johor）遊覽，原因是英國當局為防範日本間諜，自一兩週前提高了柔佛

18 松本龜太郎，一九三六，頁一五一。
19 福田喜三郎，一九三八，頁四。
20 野上彌生子，一九四二，頁一九。
21 同前註，頁二五。
22 岡義武，一九九七，頁一一。

入境手續的門檻[23]。三個月後的三七年六月，前面提到過的福田喜三郎從新加坡前往柔佛，然而他寫下入境手續十分麻煩，理由是英國方面對日本人抱持著強烈的警戒心[24]。

一九三九年七月中日戰爭正在進行中，歐洲開戰的危機也迫在眉睫，赴歐洲就任的記者（後來成為國際政治學者）前芝確三，不管是在西貢還是新加坡都從當地日本人口中聽到日本人遭到了懷疑和壓迫。在新加坡，他實際感受到「總之，這裡已成為實質上的『敵陣』」[25]。

在此後將近三年的一九四二年二月，日軍船艦橫渡分隔柔佛和新加坡的柔佛海峽（連結柔佛和新加坡可供旅行者們通行的橋梁，在這之前已遭英軍爆破），開始進占新加坡。二月十五日新加坡淪陷，大英帝國在亞洲的統治受到致命性打擊。

期間歐洲大陸上的戰爭在一九三九年九月爆發，原訂經蘇伊士運河返航的日本郵船不得不變更航線改走巴拿馬運河。其後雖也有其他船隻通過蘇伊士運河，但當戰爭在歐洲激烈化後，一九四〇年五月二十六日由馬賽出航的伏見丸成為最後一艘經蘇伊士運河返國的船隻[26]。

二 對抗歐洲的日本

日本的存在感

前面已提到過，一戰後帝國航路各港口情勢明確反映出日本勢力的擴張。

一九一九年五月新聞記者山田毅一赴歐，他以前也曾到過上海、香港、新加坡；在新加坡時，他對日本人在當地的發展較十年前初次到訪時令人刮目相看而高興。相對於過去日本人多為娼妓或從事相關工作，如今各種公司及銀行分行一間接一間。自認為南進論者的山田，看到自己的主張被實現，「歐戰以來當地各民族認識到我帝國實力，當地國人顏面更加有光，普遍預期有朝一日將為日本帝國統治，又更是痛快」而大喊快哉[27]。同樣在大戰前曾

23 山口青邨，一九八二，頁二四。
24 福田喜三郎，一九三八，頁九。
25 前芝確三，一九四二，頁一七。
26 和田博文，二〇一六，頁二五四、二六二。
27 山田毅一，一九二〇，頁三六—三七、四一—四三。

到訪上海及香港的林安繁，也在一九二二年停靠各港時，強烈感受到和過去相較日本地位已發生變化。看到上海虹口公園及日本人小學等處，他寫下「皆有隔世之感（中略）作為喚起當年回憶的材料十分足夠」。至於香港，相對他之前到訪時日本人地位並無優勢，凡事都靠英國人的一舉一動來決定，他感慨「如今我國人勢力優越，已今非昔比」[28]。

日本的存在感中明顯發生變化的，是各地娼妓數量的減少。上一章曾提過，在十九世紀末至二十世紀初期，帝國航路上展現出日本存在感的人們中娼妓占了壓倒性多數。她們的身影在二戰後急速減少。山田毅一便記錄了在檳城三年前仍有三十六間的妓院已減少到十間，並且全數將在半年後歇業[29]。

娼妓數量的減少，是受到國際潮流的影響。在大量娼婦從日本出海的世紀轉換期到二十世紀初這段期間，歐洲興起禁止販賣婦女的國際運動，公娼制度在此影響下朝廢止推進，結果在一九一〇年簽訂了《禁止販賣白奴國際協定》（*International Convention for the Suppression of the White Slave Traffic*，日文名稱為「醜業ヲ行ハシムル為ノ婦女売買禁止ニ関スル国際条約」）。日本政府雖對此浪潮反應消極，大戰期間仍依協定關閉歐洲各國殖民地中的娼館，各地日本領事館著手推動娼妓停止營業、回國，她們的人數一口氣大減[30]。

離開賣春工作從新加坡踏上歸途的娼妓們，其樣貌被結束跨越大戰期間的旅歐生活，在一九二一年展開回國旅程的石川三四郎記錄下來。本書前面曾提過（頁一五六）石川在大戰前赴歐途中對西貢日本娼妓的感想。他回程搭乘日本郵船因幡丸，有許多日本旅客自新加坡登船，其中多數是因公司雇用低薪中國人而失業的船員，與停業回國的娼妓們。石川對她們的印象與去程時相當不同。他原以為日本以「女兒國」揚名，她們應該充滿活力而燦爛，但實際見到的六、七十名女性卻是「灰白的，毫無血色，陰鬱且神情曖昧，相貌毫不起眼的一行人在我眼前（中略）宛如自己身為日本人的驕傲遭受嚴重踐踏」[31]。石川又從此發出以下論述：

若以一言蔽之，不正是現代的商業主義和生活困難讓她們淪落至此嗎？日本政府視

28　林安繁，一九二三，頁六、一二。
29　山田毅一，一九二〇，頁四一。
30　小野澤あかね，二〇一〇，頁一三七—一四四。
31　石川三四郎，一九二二，頁五二五。

海外醜業婦為國辱實在可笑。日本應儘速辭去「女兒國」的頭銜。然而要根絕醜業婦出國賺錢，停止「女兒國」營業，首先必要自其成因的資本主義、商業主義中解放。若置之不顧，即使有百個設施、發出千個命令，只要有人類活著，有女性存在，這便不可能根絕。[32]

這可說是只有曾以基督教社會主義者身分活動，大逆事件*後於一九一三年渡歐，在法國與無政府主義者保羅・雷克呂斯（Paul Reclus）等人密切往來，確立自身無政府主義思想的石川才會產生的感想。

石川在一戰開戰前夕經帝國航路出發，戰後不久又再藉此返國，他不只對娼妓問題，也對日本在帝國航路中存在感的變化留下證言。在一九二一年八月底從倫敦搭乘因幡丸前，他先前往倫敦的郵船公司以及橫濱正金銀行，而「對日本人的事業和勢力竟在此遠方大都會扎根，感到吃驚」。在船上，石川因日本郵船上的乘客大多是英國人而產生奇異感受。不久前仍不得不仰賴英國人的航行，「不僅由日本人自己操作航行，連自誇世界第一海運國的英國人，也搭上因幡丸這艘小汽船。這是多麼驚人的變化啊」。前面介紹過石川在赴歐途中曾記下日本在賽得港的存在感，而在歸途中經過當地時，他對日本明顯成長的「海外發展」而驚訝。在那裡「有許多掛著日章旗的舢舨縱橫往來」，還有許多操著日語的小販，然而石川在八年前渡歐時，連在香港或新加坡也不曾看過這樣的光景[33]。

日本的存在感同樣也在可倫坡出現變化。一九二二年，煙山專太郎指出在馬來半島上中國人較日本人更具優勢，相對在可倫坡則是日本人較占優勢，當地有日本領事館，還有四、五間日本商家[34]。同年，陸軍軍人石原莞爾在前往德國留學途中經過可倫坡，觀察到「主要商店掛著日文看板。店內慣例供奉著皇太子殿下玉照」。而大概是由於日本暴發戶們會停靠揮霍，「一看便知土人普遍對日本人抱持好感，許多人會揮手招呼（中略）像是帶路的土人，則大肆吹噓這附近早晚都會成為日本領土」，強調日本的存在感[35]。

32　同前註，頁五二六。

＊　譯注：又稱幸德事件。一九一〇年日本全國各地多名社會主義者、無政府主義者遭檢舉計畫暗殺明治天皇，在非公開審判下以「大逆罪」獲判死刑的事件。

33　同前註，頁五一九—五二一。

34　煙山專太郎，一九二八，頁二三。

35　玉井禮一郎編，一九八五，頁三〇。

亞洲「解放」之夢？

石原莞爾在日後成為九一八事變的中心人物，在走向二戰的世界浪潮中扮演極為重要的角色。接下來稍微介紹他在帝國航路上的感觸。

他在上海停泊時，洋人未取用船上提供的茶與紅豆年糕湯，對此他發表了相當自我中心的意見：「如今感到日本人的偉大。若是日本人，少見的東西即使看起來不好吃也必定會嘗試。洋鬼子們囂張，卻連這點也做不到。這也證

圖19　台灣總督府電信專家眼中的一九三四年可倫坡（佐佐木英一，《周遊歐美　第二版》，私家版，一九三六）

明統合世界文明的天職確為我等日本民族所有。」在香港搭上旅行者們必會搭乘的山頂纜車登上山頂，他則「思及當我神聖皇業民族加諸武力於蠻橫的盎格魯‧薩克遜人時，日章旗應飄揚於此山頂，獨自露出滿意的笑容下山」。而在讓他初次感到踏上異國土地的新加坡，石原在感佩占當地人口七成的中國人勢力與活力的同時，也感覺到「土人」對日本人頗親近，他記下當時他們必會詢問日本的問題：「英國人很怕你們。什麼時候要開打？」在可倫坡，石原在前述觀察後更表示出「嗚呼！盼能早日將這可憐民族從洋鬼子的統治下解放」的願望。當他橫越印度洋到達由英國海軍控制入口的紅海，石原吐露他「說是侵略主義什麼的，逼人的洋鬼子真可恨！然而他們卻十分接近真正的覺醒正道」的心聲[36]。

即便不如石原極端，在停靠港中被激起日本應於亞洲各地勢力更加擴張夢想的旅行者不在少數。年輕官僚安井誠一郎搭乘二等艙在船上享受各種胡鬧，同時也和同船人們互相談論日本殖民政策。抵達檳城時，他在驚訝於英國人的發展時，也想著「由於土人對日本人十分有好感，若能以些許資本十年耕耘，將有相當成果，感此點應納入思考中」。安井在可倫坡受當地日僑招待至家中「仍是談論日本帝國殖民政策」，傾聽印度人盼能與日本人合作成立

36 同前註，頁一六、一九、二六、三〇、三四。

東洋聯盟的情勢觀察。而在必去的坎地（Kandy）觀光中，他從司機兼導遊的錫蘭人處接收到對英國的激烈批判以及日印同盟論。當他又在可倫坡的餐廳中聽到中國人的排英言論，安井感到「所到之處瀰漫著排英氣氛。確實是日本人應行動的時機」[37]。

此時期許多旅行者心中都抱著日本人將印度從英國統治中「解放」的想法。東京市議員（後為立憲政友會眾議院議員）大崎清作在一九二六年訪問歐美的歸途航行於帝國航路時，他認為印度人再如何沉穩而尊重無為亦有其限度，且「總之他們仰慕日本人，相信討伐英國者除日本人外別無他想」[38]。而在一九二五年出航考察歐美教育事務的函館師範學校校長橋本文壽，在可倫坡時也想著同樣身為亞洲人的日本人，必定得要思考如何改善因蒙昧無知而無法勤奮生活的印度人狀態。他感到英國人富有治國長才，實行統治恰如善於圍棋者所下各子皆有其意，而日本人被期望與之對抗，他如此寫著：

> 乍見印度實況，我以身為人類的角度，特別是由亞細亞人、有色人種立場，深切希望我國中有世界政治本因坊*現身，盡早布下有效有意義之棋石。尤其印度人出於人種上關係對日本人抱有親近之感。既有此好感，相信將不致於此佈置棄子。[39]

與橋本同為教育者的中學校長湯澤德治，一九二九年在檳城時有兩位印度學生與他攀談。湯澤總結他們的談話內容為相同宗教、同樣人種的印度與中國人，有必要以日本人為盟主來團結有色人種[40]。

關於日本未來在亞洲的活動，在此要指出日後成為促進滿洲日本殖民的中心人物加藤完治，一九二二到二四年與二六年曾兩次訪問歐洲，不管是在哪次旅途中，他都再次堅定了推動殖民的決心。在二二年的旅程中看到新加坡的橡膠園工人，加藤認為為了不讓人們變得如此「不養生、不道德」，使日本海外殖民「生機蓬勃，則應建立日本村，以信仰為基礎引導他們得樂於生」[41]。這其中也反映出他受到憲法學者，同時也是神道思想家筧克彥「神道」理論的影響。又當他看到中國人離開肥沃土地而移居的狀況，在二六年再次訪問感到其中蘊

37　安井誠一郎，一九八六，頁一三、一七、一九。
38　大崎清作，一九二七，頁三九一。
＊　譯註：棋院頭銜，後成為最強棋士的代稱。
39　橋本文壽，一九二七，頁二九。強調為原文。
40　湯澤德治，一九三〇，頁一五。
41　加藤完治，一九四二，頁三四—三五。

含「日本人不可忽視的殖民政策上大問題」的上海時，加藤產生以下感慨：

> 今日本鼓吹信念者多，而斷然實行者稀少。舉例而言，比起將人口問題掛在嘴邊嚷嚷，要殖民要殖民的如蛙般呱叫，自己去殖民或認真協助同志殖民，哪種都是為殖民大業賭上性命，這些人才是貴重。[42]

排日浪潮的實感

在停靠港中受到刺激盼日本在亞洲擴張勢力的反面，此時期的旅行者也在停靠港中強烈感受到對日本的反彈逐漸增強。

一九一九年三月，每日新聞記者，同時也是俳人的小野賢一郎，趁途經上海之際造訪南京，從南京返回上海途中在汽車上與中國生絲商人筆談，在訴說中日親善時得到了否定的反應。商人批評日本官員對中國人的態度冷淡，即便日本方面有親善之意「亦不知其真意」，用詞強烈。小野在船上（日本郵船賀茂丸）也接觸到同樣的批評，嘆息著沒有想到會遇上如此劇烈的排日言論[43]。

翌年一九二〇年秋天前往歐洲留學的法醫學者小南又一郎，在對三井及三菱等日本人在上海的經濟活動發展感到驚訝的同時，也記錄了一進入街巷則排日風氣興盛，有商店拒絕日本人進入，夜晚日本人獨自行走會有危險[44]。

與此差不多時期，在留歐途中停靠上海的經濟學者矢內原忠雄，從蘇州日本雜貨商東洋堂處聽到拒買日貨的情況，「思考為什麼日本人受到排斥」[45]。而一九二二年秋天加藤完治在上海看到巡查毆打車夫，搭乘人力車的歐美人從車上踢踹車夫的景象，他提出為何日本人並未殘忍至此，中國人卻「只」發起「排日運動」的疑問。日本人中或許也有粗暴的人，但若是如此，英國人應當更受到排斥。在這樣的想法下，加藤導出排日運動是「如狐還是狸的某國民，因其欲弱化騾馬般日本國民在世界中的勢力、將支那收為己有的野心，煽動金錢中心

42　加藤完治，一九二九，頁九。
43　小野賢一郎，一九一九，頁一九—二〇。
44　小南又一郎，一九二三，頁五—六。
45　矢內原忠雄，一九六五，頁五〇七。

主義且容易激昂又現實的支那人所展開的暴動劇」的結論[46]。這只能說是對從一戰期間的二十一條要求到戰後處理過程中，日本在中國境內的帝國主義行動毫無反省意識下做出的觀察。

然而加藤提出英國人應當更受到排斥的疑問，亦有合乎邏輯的一面。實際上中國反英運動，在一九二五年五月三十日上海學生等抗議中國工人在勞資糾紛中遭到殺害的示威運動中遭英國巡警開槍鎮壓，造成數十名群眾死傷後劇烈地擴大發展（五卅事件）。

自一九二六年夏天起，國民黨國民革命軍以統一全國為目標展開北伐等，讓中國震盪在反帝國主義與國家統一中。而後為了對抗國民革命軍、保護在山東省的利益，且更加擴張勢力，日本以保護僑民為藉口在二七年五月和二八年四月兩次出兵（出兵山東），這使排日運動再次激昂。

第一次山東出兵前不久，一九二七年二月拜訪上海的是哲學家和辻哲郎。為了留學印度而離開日本的和辻在航行途中，仍持續深情地寫信給妻子。在信中船隻從第一個停靠港上海的出發因工人罷工而延遲一日、想在那裡寄出小包但郵局果然由於罷工沒有營業等事，稍可窺見當時上海的氣氛，然而和辻對此僅有淡淡的敘述[47]。但在二八年歸國，隔年二九年發表的論文〈支那人的特性〉（未收錄於《和辻哲郎全集》）中，他描述在上海直接接觸到的中國反帝國主義運動為「打著各式各樣的新標語作為旗幟，然如高舉打倒帝國主義的拒買日貨，絕非列寧所謂打倒資本主義最後階段的運動，不過只是個欲在日貨販售時收取部分作為佣金的**職業**。以暴力示威為手段這點，與過去諸侯築城山上，對通過下方商隊課以高額關稅，並無二致」，顯露出缺乏試圖理解民族運動的心態[48]。

在和辻眼中，上海、香港、新加坡是歐美資本主義打造的歐美城市，而非中國固有城市，卻是「支那固有特性」最為顯著之處[49]，並認為反帝國主義民族運動亦為此固有性的展現。這個固有性論和一九三五年公開刊行的《風土》的中國人形象相連結，該形象為只依靠自身之力互助合作、貫徹無政府生活不倚賴國家保護、即便危險迫近，只要尚未發生便保持漠不關心以為最佳防護措施，一心追求財富[50]。松澤弘陽注意到和辻的中國論與一八六〇年代西洋、中國及日本的三角關係中日本人眼中的中國形象，不管在形成方式還是內容上皆有

46　加藤完治，一九四二，頁一四—一五。

47　和辻哲郎，一九九二，頁一七四、一七七。

48　和辻哲郎，一九二九，頁九。

49　同前註，頁二。

50　和辻哲郎，一九六二，頁一二二—一三四。

共同點，因此將之放置在此脈絡下，並指出對這個中國論共鳴的讀者群的存在，以及其影響程度之大[51]。對民族運動的力量和可能性閉上眼，不去理解中國變化的態度，在日本人中相當普遍，這支撐了朝中日戰爭猛烈邁進的日本軍部行動。

在第一次出兵山東的同時，一九二七年五月末停靠上海的篠田治策，在結束朝鮮總督府的官僚生涯後轉為仕奉李王（即李朝最後的皇太子李垠，二六年其兄過世後改稱李王），當時為李王職次官（後就任長官）。篠田隨行李王訪歐，此行打破李朝王不出十里（日本的一里）外的傳統，採微服私訪。因此在成為朝鮮反日民族運動據點的大韓民國臨時政府所在的上海附近，事先接獲「不法之徒在策劃陰謀的情報」使篠田十分緊張。搭乘小船溯揚子江觀光的行程因李氏夫妻缺乏興致而中止，後來得知前一天同樣溯航的外國船隻遭中國士兵射擊後，篠田如釋重負。他自己在入境後實際見到日、英、法眾多士兵為防中國士兵闖入加強警戒，感到「與舊城區的邊界圍繞著沙包鐵絲網，宛如看到戰場」。又，在通過大韓民國臨時政府所在的法租界時，雖「想起所謂不法朝鮮人的上海臨時政府」，卻未在街頭到見半個朝鮮人。附帶一提，對香港篠田則論英人統治為十足英國本位，完全置當地人於不顧，「排英情緒於支那全境持續高漲之由」正在其中，暗示著日本對朝鮮的統治與此不同的見解[52]。

一九三〇年代的停靠港

在帝國航路上的停靠港，特別是日本勢力強大之處，排日氛圍在一九三〇年代更加高揚。一九三二年出發前往環遊世界一周的東京市議員本多市郎，在首站停靠的上海他無視由於排日運動上岸危險的警告，登陸後目擊到連郵局玻璃窗上都貼著「殺光日本人」的海報。在下一站停靠的香港，本多依舊沒有聽從不要上岸的建議，然而所有等待載客的計程車都以不載日本人為由，拒絕他搭乘[53]。

在稍早之前，阿部宗孝記錄下新加坡日本領事之言，「近來此地亦受一二八事變餘波影響，日本商人亦束手無策」的情況[54]。而在檳城，一九三三年途經此地的陸軍中佐寶藏寺久雄，對中國人刻在主要觀光景點極樂寺石頭上的「勿忘國難」文字留下強烈印象，認為這是

51　松澤弘陽，一九九三，頁一七一—一七四。
52　篠田治策，一九二八，緒言、頁一二—一三、一七。
53　本多市郎，一九三四，頁一一、一八。
54　阿部宗孝，一九三四，頁一〇、一三。

「充滿對九一八事變悲憤的文字」[55]。

一九三六年赴歐的武者小路實篤，對上海僅寫下前往觀賞戲劇等感受「異國風情」，香港則是以「似乎對日本十分警戒」敘述其氣氛，而新加坡在中國人勢力之下，「據說地方新聞若無排日報導，便賣不出去」，記錄下當地強烈的排日風潮[56]。不過，四一年出版的《歐美旅行日記》中完全沒有提到這些。

一九三七年七月中日戰爭爆發後隨即自神戶出發訪歐的政治家鳩山一郎，他記下連上海市內亦為平靜，感受不到因「盧溝橋事變」造成的波動[57]。然而在翌月，大山勇夫中尉被擊斃事件（大山事件——為其所屬日本海軍策劃的陰謀可能性很高）成為導火線引發淞滬會戰，至十一月日軍全面占領上海。這是帝國航路上的停靠港首次完全受到日本控制。然而無需言明，旅行者都能感受到此控制建立在脆弱的基礎上。

日本郵船的船隻在淞滬會戰發生後，暫時取消停靠上海，直到一九三八年一月才再度開始停靠[58]。同年秋天野上彌生子途經日本占領下的上海，從在舞廳享受著跳舞的中國年輕人身上感受到「透著一股讓人難耐的焦躁」，這已在前面介紹過。在日本控制下的上海產生如此感受，可能是觸及到中國人的某種抵抗意識。三九年五月在赴德國留學途中停靠上海的陸軍士官學校德文教官高嶋泰二，則是「從靜安寺路搭乘的巴士上層眺望，舞廳或歌舞秀的酒場霓虹洪流如不夜城般連續不斷，宛如在嘲笑無法占領租界的日本軍」[59]。

另一方面，女性詩人深尾須磨子在一九三九年春天第三度前往歐洲（先前曾在一九二四和三〇年赴歐）之際[60]，在上海外出「參觀戰跡」但「一望無際的滬東原野上已是春色洋溢，楊柳抽芽，草色點點轉青，採著野花野草女子的身影四處可見，如此悠閒中看不出激烈戰事留下的影響，但一踏入市區的廢墟，我便不禁遮住雙眼，在心中默默反覆——這必須讓大家看到……而且，至少有讓內地都會婦女見識的必要」。見過戰爭所帶來災難的深尾，在

55 寶藏寺久雄，一九三五，頁三九。

56 武者小路實篤，一九八九a，頁一〇、一四、一七。

57 鳩山一郎，一九三八，頁五。

58 和田博文，二〇一六，頁二四二。

59 高嶋泰二，一九九四，頁二〇。

60 深尾是墨索里尼的熱烈崇拜者，這趟歐洲之旅中她在義大利拜會了墨索里尼（Benito Amilcare Andrea Mussolini, 1883-1945，總理任期一九二二—一九四三）及其外交部長齊亞諾（Galeazzo Ciano, 1903-1944），在德國拜會了希特勒。

接下來停靠香港時，由於「目前局勢下支那人對日本人的觀感有惡化傾向，日本人上岸時須小心警戒」的告示而沒有下船[61]。

三 關於殖民地統治

大英帝國觀的動搖

與一戰後日本勢力的擴張形成對比，英國面臨殖民地統治力量動搖的局面。英國統治下各地區要求自立、獨立的民族運動在一戰期間變得劇烈，戰後不久的帝國航路上，最早讓人強烈實際感受到這一點的是埃及。

第一次世界大戰爆發後，在成為正式英國保護國而被納入帝國領土的埃及中，脫離英國控制的浪潮高漲，為實現獨立，產生了送代表團（華夫脫黨）到巴黎和會的運動。當和會走向已明確地轉變成全然違背這份期待的狀態時，一九一九年三月，在埃及由學生發起的罷工和遊行開始，並蔓延到各地，這也就是所謂的埃及三月革命（一九一九年革命）。

德富蘆花（健次郎）親眼目擊埃及民眾的反英運動。第四章中曾提及他在一九〇六年為了會見托爾斯泰前往俄羅斯的旅程，而這回的目的地則是巴勒斯坦。但蘆花在新加坡時被要求前往英國軍政處，他受到警告，由於護照上的問題恐怕無法入境巴勒斯坦，也很難在埃及（賽得港）上岸。三月十三日蘆花雖然得以在賽得港下船，但為了等待巴勒斯坦的入境許可通過，他不得不在開羅停留大約兩週。

三月十七日午後，正當蘆花夫婦準備前往參觀博物館時，街上變得吵鬧。從旅館陽台看出去，埃及人的反英示威遊行在眼前展開。雖然略長，在此仍引用蘆花所見的紀錄：

土耳其帽與西裝，或白色纏頭和飄逸長袍，四人一列，從埃茲巴奇亞公園（Ezbekiya Garden）方向，一群又一群的，長蛇般朝我們居住的Shepheard's Hotel前湧來。每群中都有位學生般的青年，挺身而出，揮著指揮棒般的東西指揮。在帶領下大家整齊劃一，如歌唱般，喊叫般，怒吼般地發出聲音，同時啪嗒啪嗒啊啪嗒、啪嗒啪嗒啊

61 深尾須磨子，二〇〇〇，頁一八八、一九〇。

啪嗒地甩著手巾。也有人呼喊著高舉雙手。紅色旗。白色旗。白旗上以紅色，紅旗上以白色寫著阿拉伯文字。幾面弦月和三顆星星的埃及國旗接連而來。（中略）轉眼間，從旅館前面到公園那頭，視野所及，已成人海。一開始強硬駛過的軍用汽車，也早已無法通行。細長的地面上滿是人，就連如牆般立於兩側的對面建築，直到四樓五樓，所有窗戶都擠滿了觀看的人。（中略）超過兩萬人的隊伍停下腳步，齊聲歌唱、揮舞旗幟、揮舞手巾。波浪般的嚎嚎戰吼湧現。圍觀的人裡傳來拍手。似乎是在非英國的外國人裡，有人半是有趣地拍起手。我們房中的女服務生瑪莉亞等人說，是Revolution，神情變得熱切。

從旅館陽台眺望示威遊行的隊伍，他的「心臟開始狂跳」。「異樣的景色」，也就是穿著白色長袍，鬍鬚頭髮亦已雪白的老人在蘆花眼前的地面鋪上布，在血氣方剛的青年行列前面朝麥加開始禮拜。看著這一幕的蘆花，身體「顫抖震動著，淚水湧了上來」。他在心底這樣吶喊：

竟是如此地渴望獨立嗎！
啊啊，埃及渴望獨立！[62]

蘆花充分捕捉到這個顯示出大英帝國正轉向解體方向的局勢的意義。在目睹這次示威遊行前，蘆花在開羅與處理他巴勒斯坦入境問題的英國少校在談話中提到埃及情勢時，少校若無其事地表示「沒什麼大不了的」，對此蘆花答道「但接下來就難說了吧。還有印度」。一旁蘆花的妻子愛子，看見少校在聽到後露出厭惡的表情。爾後，少校對蘆花的態度便變得冷淡[63]。大戰後印度的反英浪潮亦為高漲，在此後不久的一九一九年四月起，在甘地領導下開始了非暴力抗爭運動。蘆花的回答在無意識中指出了動搖大英帝國統治的狀況正同時發生，刺痛了談話對象的英國人。

而在一年半以上之後的一九二〇年十二月，途經埃及的法醫學者小南又一郎也綜合埃及

62 德富健次郎・愛，一九二一、頁一六三－一六五。
63 同前註，頁一五九。

和印度情勢，留下要點如下的感想：

埃及現在正為爭取獨立，各地發起盛大的罷工運動。我自己也遇上了運河區的罷工，在賽得港見到警官維持罷工群眾秩序。英國方面束手無策，即將非正式地承認埃及獨立。回過頭來看看印度，印度人對於自己被推上戰爭的第一線，而英國人卻在壕溝裡沉迷於梳妝打扮感到十分遺憾，對英國人的看法非常惡劣，有發起獨立運動之勢。[64]

小南因而做出結論：「嗚呼貪吃的英國，如今會是引發胃擴張導致自然衰弱，還是演變成急性胃腸炎而招致嘔吐下痢？應知萬事皆須適可而止。」[65]

關於埃及局勢的緊繃，杉山益一郎也在翌年一九二一年秋天寫下「埃及由於獨立運動，人心惡化，不知何時會爆發戰爭，因此人皆惶惶不安」[66]。即便停留時間短暫，埃及情勢也讓日本旅行者心生如此感觸。為了緩和這樣的局勢，英國在二二年二月宣告承認埃及獨立。此僅僅是名義上的獨立，埃及在實質上脫離英國而獨立，必須等到第二次世界大戰後的五二年埃及革命。然而即使只是名義上的，不得不向國際宣告授予埃及獨立一事，已說明了大英帝國統治力量的變化。

同一時期，實際感受到英國在上海勢力消退的旅行者，是出國進行電力事業視察的林安繁。他任職於電力公司之前是大阪商船的社員，亦曾在上海生活。在他記憶中的上海，英國人對待中國人的態度就是「動輒提腳便踹，揮杖便打」，但在一九二二年春天停靠上海時，他所見到的狀況則是中國工人趁英國王儲（後來的愛德華八世）訪問之際發動大罷工，爭取到了薪資調漲。林安繁說明此變化是「此實是英國政廳即英國人對支那人投降，數十年來英國人持續不墜的威勢可說是掃地」。他又記下對新加坡的感想，「英國殖民政策始終遵循因糧於敵方針，然即便壓制劣等民族成功執行，時代已完全不同，如今財富、實力和人數皆是支那人占上風，最終應會走向英國施壓無效，此為近代的傾向。（中略）無論海峽殖民地仍否長為英國所有，此為世間論殖民政策者須再三思考之處」，注意到英國勢力的衰退[67]。

64 小南又一郎，一九二三，頁四四。
65 同前註，頁四四―四五。
66 杉山益一郎，一九二五，頁八六。
67 林安繁，一九二三，頁一三、一六。

對英國殖民地統治政策的思索

在這段時期裡，有不少旅行者將對陷入前述局面的英國殖民地的注意力，延伸到與日本帝國統治政策的比較上。

對在開羅目睹反英運動的德富蘆花而言，此局面並非與日本人毫無關係。他寫下「正因我身為領有朝鮮的日本人，來到埃及，才會在旅館樓下特地接近示威運動。從埃及的立場看朝鮮、把英國置於日本立場上，兩者我皆須謹記於心底」[68]。深入研究日本人對中東的認識的學者臼杵陽，將這段話評論為「表明了當時日本的良心知識分子，基督教徒蘆花對殖民地朝鮮的觀點」[69]。

一九一九年三月，朝鮮在埃及暴動前不久發生了大規模反日運動，即為三一運動。蘆花的腦海中應該是浮現了這件事。

曾參與朝鮮殖民地統治的人物守屋榮夫，一九二三年在帝國航路上展開旅程。守屋為內務省官僚，擔任朝鮮總督府的秘書課長。他在這趟視察歐美的行程中被任命為總督府庶務部長，且於其後就任內務省社會局社會部長，在二八年成為眾議院議員（無黨籍參選，當選後加入立憲政友會）。在新加坡他即使對萊佛士的卓越見解和努力感到敬佩，同時也認為「似乎幾無顧及土人的教化開發。關於此點，我國於朝鮮試行的文化統治，或可在不遠的將來成為世界的範本」[70]。文化統治，是面臨三一運動展現出朝鮮民族運動的升漲，標榜緩和在此之前以「武力統治」徹底鎮壓民族主義態度的日本統治政策。據此雖放寬了對朝鮮人的言論、出版、集會和結社的限制，但絕非放鬆了將朝鮮人民置於控制下的統治根本。守屋認為，此「文化統治」較英國殖民統治更加優良。

守屋在航行於孟加拉灣時再次思索英國殖民地政策。他讚揚英國在殖民地統治中優待人才，給予良好培育的部分。然而在他看來，這樣的統治不過是為了英國的富裕，既是英國本位，且沒有照顧到統治下殖民地人民的方便及教育。在守屋的想法中，日本「必須捨棄島國性質，如英國人示範過般，不斷出現樂於跨越萬里波濤的青年男女」，然而同時作為在三千年既有文明上吸收了佛教、儒教、西洋文明孕育而成之國，「不正應該在精神上給予（被統

68　德富健次郎．愛，一九二一，頁一六六。
69　臼杵陽，二〇一七，頁六六。
70　守屋榮夫，一九二五，頁三九—四〇。

治的）他們什麼嗎？藉由他們數十年間求之不得的仁與慈，使其成為我等同樣人格優秀者，這不正是我繁盛皇國使命？」[71]

讀過守屋親自餽贈的著作遊記《來自歐美之旅》，朝鮮總督府官僚（秘書課員，後為外事課長）松村松盛一九二五年踏上與守屋同樣的世界視察之行。對上海中國人無法進入的公園，他感到「必須破除其根源的觀念」，並心生感慨「東亞盟主之日本，負荷亦重」。他的思緒從上海赫德爵士（司掌晚清海關之英國人）、新加坡的萊佛士銅像延伸到英國的強大，同時在上海寫下「青年們（中略）請記住。世界並非為盎格魯．薩克遜人創造!!」在新加坡則是「我必須向祖國青年們吶喊，太平洋浪花拍打處，遍地甜美果實等待諸位」。而在可倫坡，松村對相較於發達的紅茶栽培，當地人日常食用的米栽培卻仍在原始狀態，發出「榨取第一乎？或又開發第一乎？殖民政策須跟上世界思潮變化。敢問英國政府，是要將有色殖民地永遠留做牝牛？」的疑問。這是表明日本對朝鮮的統治，不同於榨取第一的英國。如此表態的松村在上海時前往大韓民國臨時政府的辦公室，對建築物老朽的外觀感到同情，並由於「盼能設法解開其誤解（中略）但不知領導者身在何處」而留下遺憾。以總督府官員的立場而言可說是理所當然，然而其中絲毫不見對日本殖民統治的自省之念[72]。

這些批判英國殖民統治的朝鮮總督府相關人士，並非否定英國關於殖民地的政治手腕。對於赫德爵士，松村強調他掌握海關掌握貿易的意涵，並表示「他在四十六年間持續相同工作的事實，結合其謙讓、堅忍、睿智、果斷的性格，讓我不得不承認盎格魯・薩克遜人的卓越」[73]。守屋又自許多地方發現英國的統治成果（自來水、下水道設備，以及設立學校、博物館、植物園等），他首先舉出的是完善的道路及港埠設施。[74]

讚揚殖民地道路的建設，亦為十分常見於此時期的旅行者感想。說起來，他們的關注並非從這時候才開始。例如一八九八年社會學家建部遯吾由日本港口出發，沿途經過上海、香港、西貢，其印象是「市街的道路益發顯得清潔和整治」[75]。然而一戰後的旅行者們，似乎對此感受更加強烈。若只看大戰剛結束的時期，便可舉出在一九一九年旅行的小野賢一郎強

71 同前註，頁八一—八九、九九、一〇一。
72 松村松盛，一九二六，頁六〇、六一、六四—六五、七六、八七。
73 同前註，頁六四。
74 守屋榮夫，一九二五，頁六八。
75 建部遯吾，一九八九，頁三七。

調香港英國人商店的氣派以及道路的優良[76]、同年山田毅一也對香港道路的優越程度感到敬佩[77]、二〇年小南又一郎對新加坡和麻六甲的感想則是即使在「南洋的盡頭」，英國人經營的土地上道路依然良好[78]。又，於二二年前往歐美視察的前香川縣知事佐竹義文，在可倫坡前所停靠的每一站上都表示出對當地道路的整備狀況和擴張計畫的驚訝[79]。同年春天林安繁在可倫坡市內兜風，其印象是「道路平坦得沒有一顆石頭，亦無塵土飛揚。即便知曉英人殖民地經營首要在道路，不論是香港、新加坡、檳城或又是可倫坡，除感嘆外別無其他，東洋君子國在此仍遠遠不及」[80]。二八年萩市市民岩田博藏論英國開拓殖民地的方法為「非因有家設道。其策是依道為家」[81]。

對英國殖民統治策略的關注，亦連結到對日本殖民統治的批判，這是當日本與歐洲列強並列為殖民地持有國後，出現在此時期的特有現象。例如山田毅一藉道路問題主張「英國於此般公共事業上，母國提供大量援助。我國國民欲成就海外發展，卻無絲毫後援給予外僑。盼帝國壯大、實現國民進步，唯有海外發展。因此若不援助外僑，便等同終止發展」[82]。而於一九二九年訪問歐洲的相良德三，在介紹新加坡的優良柏油鋪設道路後，又寫道：「所有英國人開拓殖民地，似乎皆從鋪設道路開始。（中略）相反的，日本人卻先蓋住宅。隨意隨處，毫無章法地蓋。（中略）接下來的經濟戰爭中，日本人的方式恐怕行不通。」[83]

即使與英國間競爭意識高漲，作為殖民地統治模範的大英帝國形象依然健在。一九三七年鳩山一郎認為，可倫坡和所有的英國領地相同，道路良好，市區美觀，看不見蒼蠅蚊蟲，同時「正是置重點於改善土人之生活。殖民政策若非如此便無法成功。台灣、朝鮮的道路及市區設施與之無法相比。政治必須懷抱促進全體人類幸福的偉大信條。（中略）文明亦應如是，將此文明普及於全人類為政治應有之目的」，如此比較了日英統治殖民地的方式[84]。

76 小野賢一郎，一九一九，頁二二。
77 山田毅一，一九二〇，頁二六。
78 小南又一郎，一九二三，頁一九。
79 佐竹義文，一九二五，頁八、一六、二五。
80 林安繁，一九二三，頁二三。
81 岩田博藏，一九二九，頁六。
82 山田毅一，一九二〇，頁二六。
83 相良德三，一九三一，頁二五—二七。
84 鳩山一郎，一九三八，頁一五—一六。

亞洲民眾形象的相剋

在此日本國力上升，身為殖民統治國家的自我意識高漲的時期，在停靠港上旅行者心中所懷抱的又是什麼樣的亞洲人形象？

前章中曾關注過的詞彙「亡國之民」，此時亦常被使用。一九一九年春，在前一年抵達英國並於停留期間病倒，痊癒後經帝國航路返國的東伏見宮隨員宮內事務官高橋皞，視埃及及賽得港的「土人」為除了入夜後飲酒與享受音樂外無其他正事可做，接著論道：「我要向我國諸位青年吶喊，應該如何理解國破山河在這句話？嗚呼埃及多麼悽慘，主權實質不存，實權渡予他國人手中，自己不過做牛做馬般受到壓榨，狺然（吠叫的狗般）爭奪微薄旅費之狀，就如朝雞群丟進一把剩飯。若文官貪財武人貪生，即為埃及慘狀臨頭之時。」對於錫蘭，高橋則認為在過去王國瓦解後，亡國遺民一味沉迷於食色與樂曲，這雖可說是命運，亦讓人深感同情，並寫下「見埃及之亡國而熱淚涔涔，識印度之慘狀而憂心忡忡」[85]。

在稍後不久前往歐洲的新聞記者山田毅一，在可倫坡見到圍繞著旅行者乞求金錢的人們，亦感嘆「亡國民姿態堪憐」[86]。而在一九二一年，杉山益一郎在上海目睹工人從上午開始飲酒的光景，產生朝他們喊「亡國之民」的情緒。參觀埃及金字塔時牽駱駝孩童們對金錢的貪婪，則讓杉山寫下「知埃及有今日絕非偶然」的感想[87]。二七年，自東京高等師範學校離職後，為向歐美介紹日本的初等教育而踏上帝國航路的水戶部寅松，在可倫坡聽到分享香菸的年輕人喊日本人萬歲，理由是英國人不願與當地人交談，相對的日本人卻非如此，聽到此說明的水戶部從中看出「亡國之民」心理之低劣[88]。

反映出亞洲人和日本人之間鴻溝的「亡國之民」觀，是如此根深柢固。另一方面，亦須留意此時也有寫下對亞洲人，尤其是對中國人感到共鳴的旅行者。

一九二二年，歷史學者煙山專太郎搭乘法國船阿澤萊里多號（扣押自德國，後改取法國船名），與大部分同乘二等艙的中國乘客相處融洽。他在西貢訪問了中國人學校，被展示的學生作品深深感動。煙山對其中題名「論上海之公園」詩作所批判的上海中國人歧視問題深

85　高橋𡸴，一九二〇，頁七七、一六三。
86　山田毅一，一九二〇，頁五〇。
87　杉山益一郎。一九二五，頁三四、八八。
88　水戶部寅松，二〇一三，頁一二〇。

有同感，在日後回想其感受如下：

余對上海亦深有同感。甚至認為身為日本人應率先改善支那人所受不公正待遇。亦有對日本占領青島感到憤慨者。（中略）我一邊祝福偉大支那民族的未來，告別這所學校。[89]

同樣在一九二二年，前香川縣知事佐竹義文發現到上海舊城區與法租界交接，且極度髒亂，然亦感嘆中國人勤勉工作的精力旺盛。而在新加坡，他注意到中國人在商業上的活躍，而產生「真是偉大的國民。東洋民族的兄長」的感想[90]。

為了逃離來自警察的壓力，在一九二二年「脫離」日本赴歐的無政府主義者大杉榮，則可作為冷靜地觀察停靠港中亞洲人之間的關係的人物例。大杉在眺望香港港口時聽到中國留學生愛國的憤慨發言，他心生共鳴，然而卻見到他們因金錢問題踹打同為中國人的車夫，對他們的同情心亦消失殆盡。他認為「這種愛國者無法救國」。大杉對西貢的觀察是法國人態度宛如王侯，其下至少算得上人的是中國人與印度人，安南人則是生活如同乞丐態度卑微。對新加坡感覺亦十分類似，他記下只有中國人或印度人開著像樣的店，「土人」則為老百姓或苦力。同時他也確實地觀察到在中國人及印度人中，亦有和土人同樣外表寒傖而身為苦力者。他如此描述：「支那、印度、土人苦力皆如犬馬般，以細瘦赤裸的身體一面承受棍棒揮打或鞋子踢踹，一面工作。」[91]

武者小路實篤則表現出對亞洲人的複雜心情。一九三六年航行於帝國航路的武者小路，無論在香港或新加坡皆強烈地感受到中國人的存在。當抵達可倫坡後感受不到中國人的勢力，他具體的感到「支那人現在並不喜歡日本人，但我果然還是對支那人感到親近」[92]。對馬來人及印度人，他在旅歐期間於柏林寫下如下的看法，受到注目。

我並不討厭西洋人，卻多少抱著反感，這和我總感覺對方態度輕蔑的偏見有些關係。雖不覺得自己必須承認他們多麼優秀，卻擅自認為對方有如此想法。雖然這怎麼說

89　煙山專太郎，一九二八，頁一七—一八。
90　佐竹義文，一九二五，頁八、二〇
91　大杉榮，一九七一，頁四〇二—四〇五。
92　武者小路實篤，一九八九a，頁一九。

都是偏見，但對東洋人，尤其是馬來人或印度人，我不會產生這種反彈而能率直以對。說得露骨點，這或許是出自於存在內心的優越感。若真是如此，我感到抱歉，但無論如何就是能自然地親近他們。[93]

武者小路以帝國航路上的經驗培養出對歐洲人的批判觀點。從西洋乘客的印象，他主張「他們（西洋人）精神層面並無優越之處。全無抱持反感的必要。是相當簡單的人種。即便有活躍的一面，頭腦卻正在化石化。（中略）他們自認較我等東洋人優秀，這實在滑稽。除了身高，他們沒有其他東西能夠自傲」[94]。結果，武者小路在態度上越加明確地支持自西洋列強統治中「解放」亞洲的「大東亞戰爭」。

即便對帝國航路上的亞洲人懷有一定的同情，也不會因此對日本帝國主義政策產生批判。就此而言，歷史學家羽仁五郎的帝國航路經驗值得注意。

一九二一年，二十歲的羽仁（當時尚未與羽仁說子結婚，仍名為森五郎）自東京帝國大學休學赴德留學，在海德堡大學修習歷史哲學後於二四年歸國。他日後寫下當年返鄉時帝國航路上的感想如下：

一九二四年春，我離開海德堡，從馬賽搭船回日本。在途中停靠印度及中國港口中所見印度民眾、中國民眾受欺壓的生活，與二年多來看到的歐洲民眾生活形成對比，讓我留下深刻印象。／依在海德堡大學醫院病房裡分手的系井靖之期望，我決定回到日本研究日本的歷史、問題。但這個日本問題，必得是和印度民眾、中國民眾問題共通的日本民眾問題不可。[95]

同樣的宗旨在接受其子羽仁進訪談的《父子歷史講談》中亦有記載，兩者皆是歷時久遠的回想，直接依字面接受必須慎重自是無需贅言，但在羽仁主要聚焦在印度、中國的狀況，同時探討明治維新的世界史前提〈東洋資本主義的形成〉（原刊載於一九三二年《史學雜誌》）中，便可說能看到這趟旅程的影子。

93　同前註，頁三一。

94　武者小路實篤，一九八九b，頁一七八。

95　羽仁五郎，二〇〇一，頁一五五。

專欄四　日美・日英交換船

與英美開戰後，帝國航路的部分航道曾三度作為日本與美國、日本與英國交換外交官及民間人士的交換船航線。日美交換船在一九四二年夏天及四三年秋天二度實施，日英交換船則從四二年夏天到秋天啟航。

都留重人、武田清子、鶴見和子與鶴見俊輔姊弟等二戰後日本代表性的知識分子，皆搭乘第一次日美交換船歸國。他們搭上瑞典船格利普霍姆號在一九四二年六月十八日自紐約出發，經巴西里約熱內盧繞行非洲好望角，抵達非洲東岸葡屬東非的洛倫索馬圭斯（*Lourenço Marques*，即今莫三比克首都馬布多。當時葡萄牙為中立國）。在那裡，他們換搭載著從日本撤離的外國人，經香港、西貢、新加坡（昭南）而來的淺間丸，以及從上海接載撤離乘客後，在新加坡與淺間丸會合的義大利船康提・維德號。交換完畢後，兩艘船經過新加坡，在八月二十日回到橫濱。這次交換的人數，日美各約有一千五百人。

當他們一抵達日本占領僅約半年的新加坡，氣氛宛如迎接凱旋將軍，報紙以搶眼標題

「『萬歲』浪潮席捲海陸」報導此消息[96]。都留重人聽著萬歲之聲，留意到一群白皮膚被太陽曬得紅通，穿著卡其短褲的人們呆立於港口。「我想他們大概是白人俘虜之類，正在接受強制勞動」，他在日記如此寫道[97]。新加坡的面貌，和過去作為白人統治下英國所屬帝國航路要衝時，已完全不同。

據鶴見俊輔日後對第一次交換船的詳細回憶錄，格利普霍姆號上乘客之間散發的民主氣氛，在洛倫索馬圭斯的交換之後宛如轉換成其他社會體制般變得不同，反戰派和戰爭推動派間的差異明顯浮現。而在離開新加坡後，氣氛更是變得充滿壓迫感。以鶴見而言，親眼目睹此變化的經驗，成為他洞察日本社會的著力點，影響其戰後的「共同研究的轉向」[98]。考慮到這僅為回憶，即便將鶴見少見的敏銳政治意識特質也納入考量，仍可藉此窺見交換船中的氣氛。

日英交換船和第一次日美交換船相同，在瓜達康納爾島戰役（Guadalcanal Campaign）

96　泉孝英，二〇〇五，頁一四五。
97　都留重人，一九七六，頁四一六。
98　鶴見俊輔、加藤典洋、黑川創，二〇〇六，頁一〇二、一五六、一七一、四六七。

等戰局不斷變化的時期實行。交換地仍是洛倫索馬圭斯，自英國利物浦出發的埃及船艾爾．尼爾號、來自印度孟買的英國船巴黎市號、來自澳洲墨爾本的英國船坎特伯里市號，載著撤離的日本人在一九四二年自八月末到九月初時抵達。孟買的乘客包括在四一年十二月開戰後不久即被扣留並移送到印度的英領馬來亞及荷屬東印度等地人們，從墨爾本出發的船上亦有來自紐西蘭撤離者。艾爾．尼爾號和巴黎市號的撤離乘客以龍田丸經新加坡、坎特伯里市號的返國乘客以鎌倉丸經新加坡與香港回到橫濱。

艾爾．尼爾號的埃及船員對日本人態度歡迎，食物亦為豐富，相對的，反映出澳洲等地劇烈反日氣氛的坎特伯里市號，乘客待遇惡劣，食物也顯得不足[99]。其差異可說是反映出圍繞在戰爭上的帝國世界構圖。

對於交換之後的日本船與停靠港印象，駐英代理大使上村伸一寫下這樣的回想：

> 搭上龍田丸最先感受到的就是軍國感的沉重氣氛。與英國或艾爾．尼爾號上的氣氛完全不同。若是有人在餐廳脫口說出米比埃及米難吃，旁邊的服務員便會提醒注意要是在日本講這種話會被揍。萬事皆是如此，總覺得感到壓迫。船從洛倫索馬圭斯直航新加

坡，在那裡英國及澳洲的俘虜半裸著身體做著道路工程等工作。他們相信盟軍一定會奪回新加坡，解救他們。[100]

相對的，在坎特伯里市號上吃不好的澳洲等地撤離者，轉乘鎌倉丸後對紅豆飯與整條魚的豪華餐點心生感激[101]。

至於日美第二次交換船載著許多長期居住在北美．南美的人，由於一九四三年秋天開航時戰況已朝不利於日軍的方向變化，撤離者在交換後（這次的交換在印度西岸的葡萄牙殖民地果阿舉行），轉乘日本船帝亞丸的人們最為驚訝的是餐點惡劣的程度，想到回日本後將面臨的糧食缺乏，大家都說不出話來[102]。

下面將介紹一位戰前便住在新加坡，開戰後遭英軍拘留，後因搭乘日英交換船又回到新

99 泉孝英，二〇〇五，頁一五二、頁一五九。
100 上村伸一，一九六六，頁一四五—一四六。
101 小田桐，一九九一，頁二四三。
102 泉孝英，二〇〇五，頁一六八。

加坡的日本人，在當地看到白人俘虜後的感想，來結束這次的專欄。

從開戰八年前起便在新加坡工作的南洋商會社員高井義昌，被拘留在印度時得知新加坡淪陷的新聞，在日記寫下：「萬歲！萬歲！萬歲！激動得無可形容（中略）今日起英屬馬來亞、英屬新加坡將同時完全地消失在世界歷史中，成為光輝的日屬馬來亞、日屬新加坡，永遠繁榮興盛！」[103]而以交換船回到新加坡，他雖對英國俘虜感到同情，但立刻產生如下感慨：

> 想到這些傢伙十個月前如何對待我等日僑，不，是如何對我祖國，還有百二十年間對世界，尤其是遠東地區所採取過的行動，不管是憐憫、同情，還是什麼空洞無聊的情緒都理所當然地消失殆盡。[104]

103 伊藤範子，一九九一，頁七九。

104 伊藤範子，一九九二，頁八四。

結語
帝國航路與亞洲・歐洲

戰敗國民之旅

一九四五年八月日本投降，上海、香港及新加坡自日本在亞洲太平洋戰爭中的統治解放。其中上海租界由於所持有列強與中國的合作，已在戰爭中的四三年同意歸還，而由中國國民黨接收，但香港與新加坡卻回到英國統治之下。英國政府決心在二戰後繼續維持這些曾被日本奪走的領土。

中國國內要求歸還香港的聲浪亦為強烈，但國民黨領導人蔣介石將重心放在與共產黨勢力的對抗上，重視與英美間的合作關係（美國在態度上支持香港歸還英國），並未抵抗英國重新統治香港。雖然在中國和英國誰該接受日軍投降上產生了競爭，但最後一致同意香港由英國接受投降，一九四五年九月十六日舉行受降儀式[1]。

日本在新加坡對英國的投降儀式較香港更早，已在九月四日舉行。在投降儀式上，相對於日方經過打理身著正式服裝，從印度趕來受降的英方連換上像樣衣服的時間都沒有，穿著皺巴巴戰鬥服出席。某位日本將校對英方表示「你們遲到了兩小時」，立刻收到「這裡可不是東京時區」的回答[2]。在勝利者和戰敗者間，存在著理所當然且是服裝亦無法掩飾的落差。

戰後起經帝國航路前往歐洲的日本旅行者，首先痛切感受到的是身為戰敗國民的屈辱感。下面將以一九四八年赴法的畫家荻須高德及在五〇年同樣也是前往法國的作家遠藤周作之旅來說明。日本在五二年四月和約生效前皆在同盟國軍事占領下（美軍與大英國協軍），日本郵船歐洲航線的復航則是在和約生效後不久的五二年六月，因此他們旅行搭乘的是外籍船隻，荻須以英國船，遠藤則搭乘法國船赴法。

荻須戰前曾於法國生活，但自日本戰敗後便對外國人感到畏縮，「以現在日本正不斷受到世界各國制裁的局面，雖因別無他法而上船，我也盡量待在艙房內」[3]。身為搭上勝利國家船隻的戰敗國民，他在抵達可倫坡前不被允許上岸。因此，不管是對上海、香港、意外停靠的馬尼拉，又或是對新加坡的印象，皆為荻須無法親自進入當地下的觀感，然其身為戰敗國民的意識卻是益發強烈。

在上海荻須的第一印象是中國男女衣著看起來都很美觀。本書曾強調過，直到戰前，多數日本旅行者對中國民眾的感覺是髒污或是不潔。然按荻須的說法那是「過去的印象」，「在戰爭以來日本人變得太過污穢的眼中」所見是非常不同的中國人形象[4]。

在馬尼拉，日本乘客（僅有三名）由警官看守。負責荻須的警官用日語說「早安」，並談起在戰爭中遭日本的〇〇（原文）毆打。在仍能鮮明感受到日本占領痕跡下，荻須對亦能聽到「和平」、「民主」、「朋友」這些詞彙而感到喜悅[5]。

1 John M. Carroll, 2007, p. 128.
2 Christopher Bayly and Tim Harper, 2007, p. 50.
3 荻須高德，一九五一，頁六。
4 同前註，頁七—八。
5 同前註，頁一二。

由於航行至印度洋前停靠港都有不少中國人，荻須站在甲板上正想著自己會不會被誤認成中國人時，突然被人以奇怪的日語搭話。荻須僅感到「可以想成是日本人會怒言相向的『喂！你這傢伙！』式日語迎面撲來，持續了一陣」[6]。經歷過這件事後，在可倫坡首次得以踏上陸地的荻須感觸如下：

說起來至今所經之處，沒有一個地方未遭受長期戰爭波及，日本人仍受異樣眼光看待也是自然。在此地我卻沒有類似感受。／首次抵達許久不見的，未經戰禍的土地。[7]

面對日本在亞洲太平洋戰爭中占領地的各種作為所引發的報復，荻須的態度可說是相當清醒。

此後荻須在蘇伊士運河及埃及遇上大英帝國統治所引發的緊張局面。他在蘇伊士運河上素描時被船上大副制止，而在亞歷山大港，不僅是日本乘客，其他國籍的乘客亦被禁止登陸。荻須形容此為「現在埃及正處於戰爭中」，半年前由於以色列建國問題，包含埃及的阿拉伯諸國與以色列之間爆發戰爭（第一次中東戰爭），當時仍在持續中。與以色列建國關聯深刻的英國巴勒斯坦政策，在大英帝國崩壞過程中留下了最大的禍根，而體會過日本帝國解體時氣氛的荻須，又在此體驗到大英帝國解體產生的變化[8]。

兩年後的一九五〇年秋天，年輕作家遠藤周作出發留學法國。由於搭乘的是法國馬賽曲號，遠藤在途中還停靠了西貢和紅海的吉布地。荻須在埃及實際感受到歐洲列強帝國統治已到盡頭的氣氛，遠藤則在西貢有所體會。當船駛進西貢河，乘客被告知不可將頭伸出窗外。這是由於印度支那要求脫離法國統治的獨立戰爭（第一次印度支那戰爭）自一九四六年末起持續，「反叛軍」不知何時會狙擊法國船隻。到了西貢，持槍男子從街道旁的樹蔭中現身，盤查遠藤等人[9]。

法國殖民地士兵亦被派遣到亞洲，搭乘馬賽號四等艙的遠藤，同船者中大多是將日本戰犯押送到橫濱後要返回印度支那的黑人士兵，遠藤因為他們都很和善而感到安心。到香港又

6　同前註，頁一九。
7　同前註，頁二二。
8　同前註，頁二六、頁二八—二九。
9　遠藤周作，二〇〇〇e，頁一一；二〇〇〇d，頁四〇九。

有中國人上船。「在船的最下層，和中國人、黑人睡在一起，忍著難耐的炎熱靜靜不動也是一種趣味」，多少還能強忍的遠藤在抵達新加坡後也忍不住產生「絕對不會再搭四等艙了。至少得是二等艙，否則別說舒適的旅行，根本不是人類該有的對待」的感想。雖然遠藤能在西貢上岸，但由於香港及馬尼拉、新加坡仍禁止戰敗國日本的國民上岸，即便船隻抵達港口，他也只能「不得不待在」四等艙「熱得異常的船艙裡」[10]。

這趟旅程帶給遠藤衝擊最大的，是實際強烈體驗到的種族歧視。回到日本後，遠藤在一九五六年發表〈有色人種與白色人種〉文中記載在船上被白人服務生叫骯髒黃種人，這是他「自出生以來首次因膚色受到侮辱的經驗。就在黃種人的我剛開始栽進白人之中的時候」。對種族歧視的感受，在遠藤目睹西貢白人女性對待越南女性的態度而更加強烈；而旅法期間，市區電車上正要往鄰座位坐下的女性在看到遠藤後便假裝下車移動到隔壁的車廂、火車上聽到年輕士兵談話「黃種人跟黑人一樣醜啊」、「總之他們都很野蠻*」，這些經驗更增強了遠藤的感受[11]。文章發表前一年的一九五五年，遠藤以《白色的人》獲得芥川賞，然而潛藏在此作與《黃色的人》中對種族歧視的批判意識，則是在他航向法國的船程中萌芽。

然而，這並不表示遠藤自身也能擺脫種族歧視。馬賽號在停靠馬尼拉時，突然對日本乘客進行檢查。遠藤對此心生不快，尤其認為黑人服務生對日本乘客態度「有失禮貌」，不快感更加強烈。對此，他採取的行動是與一位赴法留學的日本同伴，把那名黑人服務生帶上甲板「好好訓了一頓」。在日記中遠藤寫下「明明是個成年男人，只要我們稍顯強勢便畏縮起來，這是他們的通性」，並附帶「中國人的臉皮變得愈來愈厚」的感想。而在可倫坡，遠藤注意到當地工作皆由原住民承擔，英國人在後方過著奢豪生活的「全面性壓榨」狀態，另一方面，他也表示「原住民們幾乎都很怠惰，許多人坐在路上茫然地看著人來人往。他們的骯髒更是讓人無話可說」，透露出對當地人的蔑視[12]。在里昂留學期間，遠藤見法國學生表面對黑人學生平等以待，私下卻說黑人天性怠惰，從中感受到「只因身為白人」的優越感而覺得不快，但此時的他亦很難說對黑人或其他亞洲人種全無優越意識。

在遠藤的日記中，有一節充分表現出這趟帶給他各種經驗的船程性質。在西貢，許多與

10　同前註，二〇〇〇e，頁一一、一三；二〇〇〇c，頁三四一。
*　譯注：原文為ソウバージュ，是法文的sauvage。
11　同前註，二〇〇〇a，頁二一〇—二一二。
12　同前註，二〇〇〇e，頁一〇、一四。

他同樣搭乘四等艙的印度支那、馬來、中國乘客上船之際，遠藤寫下以下感想：

種族歧視、資本主義階級制度依然存在。比如在這艘船中，我們沒有任何能證明我們過去價值之物。／一切皆由艙房的等級來判別。無論多麼愚昧，只要是頭等艙乘客，在船中便可幸福的滿足自尊。四等艙乘客便得承受最大的屈辱。這就是西歐母國與殖民地的關係。[13]

身為乘坐歐洲船隻最下等艙房的有色人種，且又是戰敗國家人民，在懷抱著重重相疊的各種屈辱感中，遠藤航向法國。

去殖民化的風潮中

一九五二年，日本作為戰敗國的占領接管期結束後，日本郵船及大阪商船歐洲航線復航，旅行人數亦為增長。然而日本人要到六四年四月才能自由前往海外旅行，在此之前，旅行者僅限於研究員及經濟相關人士等。他們仍能感受到遍布於帝國航路的戰爭痕跡。擔任水產廳漁業調查船的船醫，在與帝國航路相似航線上航行過的作家北杜夫，於使其聲名大噪的作品《曼波魚大夫航海記》中記下了這樣的經驗，他在新加坡植物園中被人以「向前——敬禮！」搭話，原以為對方意在嘲諷，聽完後才發現是出自懷念。北杜夫向派駐當地的商社職員問起此事，職員回答，那大概是在日軍占領新加坡期間，加入日軍招募軍伕所組成的馬來人部隊的人[14]。

北杜夫在一九五八年秋天出航。馬來亞在他出發前一年五七年夏天獨立，新加坡在翌年五九年獲得自治權。自四七年印度與巴基斯坦的獨立開始，大英帝國去殖民統治的過程正在加速。然而英國不想積極推動這波去殖民化風潮，在兩年前五六年秋天爆發的蘇伊士運河危機已充分顯示，英國會盡可能地繼續維持帝國統治下的權益和影響力。埃及在總統納瑟（Gamal Abdel Nasser）帶領下推動蘇伊士運河國有化，對此英法聯合以色列發起軍事行動，雖在國際輿論強烈批判下不得不退兵，但英法的行為宛如仍身在帝國主義時代，只能說是時

13 同前註，頁一二—一三。
14 北杜夫，一九七六，頁二八。

代錯誤的殖民帝國舉動。

在這趟航程中，北杜夫在蘇伊士被乞討各式各樣的物品，而生出「殖民地的貧困殘渣與正在這國家中澎湃洶湧的民族主義氣息，看起來奇妙地混雜在一起」的印象[15]。而在大約是在賽得港，北杜夫又有如下經歷。

在蘇伊士動亂中受到槍擊的建築、還有四處可見的海報讓我留下深刻印象。海報上是緊抱嬰孩的年輕母親，背後畫著受到空襲冒著黑煙的城市。母親臉上滿是絕望，雙眼凝視虛空。[16]

英國將海報中展現的苦悶加諸過去統治區域的人民，同時汲汲於維持殖民帝國勢力的姿態，將帝國世界崩壞的樣貌呈現在旅行者面前。蘇伊士運河危機翌年航行過帝國航路的英國歷史學者越智武臣，如下回想其大約一年的留英生活結束時的心情。

那陣子還會疑惑思索「那個國家到底是『國家』，還是『世界』」。即使同樣是島國，基礎也和祖國日本不同。從仍殘留著我們戰中世代無法遺忘的焚燒痕跡的神戶出發，往返皆曾停靠的香港、新加坡、檳城、可倫坡、孟買、亞丁，還有由於前年的事變，終於開放通行的蘇伊士運河沿岸的悽慘光景，總在我眼底不斷閃爍。然而四處都是如此荒廢。「這就是英國啊，英國不只是那座綠色島嶼。」心中如此深深感慨。[17]

如同本書持續討論的，自開國以來，航行於帝國航路上的日本人眼中所見，是英國強大的國力，是各地域人民屈從其下的姿態。就越智的提問而言，作為「世界」英國所君臨的空間即是帝國航路，英國確實並非「只是那座綠色島嶼」。然而在一九五〇年後半的此時，身為「世界」的英國形象卻和映入眼簾的「荒廢」情景連結在一起。

一九五九年秋天赴歐的葡萄牙史、日歐交流史研究者松田毅一，在蘇伊士下船以陸路前往開羅。當時，由於三年前爆發的蘇伊士運河危機仍未平息，松田收到警告，若在埃及不注

15　同前註，頁四一。
16　同前註，頁四二。
17　越智武臣，一九九六，頁一八四。

意自身發言，之後或許會被英國或法國拒絕入境。他又記錄下開往埃及的汽車司機所言：

蘇伊士早就沒有半個英國人了。就連埃及全國，除了幾位技師以外也沒有其他英法人。我不認為英國人心地邪惡，但行為卻很惡劣，而法國人不只行為，連心腸都很壞。他們在賽得港街頭屠殺了九千名埃及婦孺。用一千架飛機無限制轟炸。無法原諒。無法原諒。除了埃及國旗以外，其他旗幟飄揚在我們國土的日子再也不會到來。[18]

松田會注意到這段話，是由於對帝國航路反映的世界局勢變化的敏感。他對新加坡印象是「難以感受到新一波反殖民運動氣息。／要燃起獨立運動的熱情，太陽實在是太過炎熱了吧。雖是這麼說，聯合傑克旗也褪色而看不見自豪跡象」[19]，此為新加坡獲得自治權（此措施下外交權等仍由英國掌握，不算是獨立）不久之後。然而，在埃及他如實感受到大英帝國的變化。

面對如此變化，松田如何看待日本與亞洲在世界的將來，亦值得注意。在抵達歐洲後的旺盛學術交流活動中，他寫下如下見解：

國際社會中的日本友人，除了亞洲諸國外別無其他。在白人或黑人中，與中國人或韓國、馬來亞、印度人等交談時的那種親密感、訪問這些國家體會到的那種好感，這是其他地方絕不可能發生的體驗。不過遺憾的是，亞洲仍然四分五裂，實在太過貧困，缺乏教養，不知什麼時候才會興起組成亞洲共同體的欲求。[20]

亞洲諸國的聯合，在松田寫下前述見解的時期開始了摸索（雖是染上冷戰色彩，一九六一年東南亞聯盟〔Association of Southeast Asia，簡稱ＡＳＡ〕成立，又於一九六七年成立至今仍持續運作的東南亞國家協會〔Association of Southeast Asian Nations，簡稱ＡＳＥＡＮ〕），各國的貧困亦逐漸獲得改善，但至今仍未能出現亞洲共同體。而日本以亞洲諸國為盟友的方針，亦未曾獲得充分實行。松田這段話依然十分沉重。

只是藉著航行在帝國航路上思索著世界、思索著世界中的日本的時代，正好也在這段期

18　松田毅一，一九六二，頁九三。
19　同前註，頁七一。
20　同前註，頁二二九—二三〇。

間迎向尾聲。搭乘飛機前往歐洲成為理所當然的時代開始。

當然，此後仍有旅行者選擇乘船出航。比如辭去中學教師工作，在一九六六年出發前往歐美的櫻田義人以法國船隻踏上旅途，理由是「在雲層上飛行的噴射機旅客，不就像在空虛的空間裡被搬運的貨物嗎」。附帶一提當時正逢越戰，其搭乘的法國船隻並無停靠西貢，在香港下一站停靠曼谷[21]。

帝國航路與近代日本的軌跡

本書以一八六〇年代至一九五〇年代一個世紀間，經由帝國航路自日本赴歐或從歐洲返回日本的人們旅途上所見所感，討論其亞洲觀、歐洲觀和日本觀。

書中所討論的案例，範圍原本便相當有限。即使隨著時代變化，旅行人數增加且逐漸多樣，能花費高昂價格與漫長時間航行在帝國航路上的日本人，相較今日海外旅行人數仍是壓倒性的少。本書旅行紀錄的人們亦僅為其中一小部分。這或許自然會引發疑惑，從如此有限人們的紀錄中能產生多少討論。然而這些紀錄卻訴說了許多在變化劇烈的世界中，近代日本從帝國主義時代到兩次世界大戰間所行經的軌跡。

曾航行於帝國航路者，尤其是書中所提及那些留下為世人所知旅程紀錄的人們，可以說大多是近代日本的菁英。許多人在各領域擔任領導角色，他們在帝國世界中發展國家建設，甚至背負著成為殖民帝國的日本形象航行在帝國航路上。同時圍繞在帝國航路的世界局面也發生巨大變化。本書第二章所討論帝國航路之旅初始期的一八六〇年代，亦是所謂不列顛治世（Pax Britannica）的時代，控制各停靠港的英國勢力到達最高峰。而英國的勢力到第五章討論的第一次世界大戰後時期已顯著產生動搖。旅行者們在帝國航路中注視英國（或法國）的殖民統治，同時思索歐洲與亞洲的關係，又不斷將歐亞相互比較，作出連結，並思考日本的現狀與將來。若要簡單總結本書介紹過的這些內容，大約可濃縮如下。

停靠港中的亞洲人們生活在英國或法國統治下。本書首先聚焦在親眼見睹此狀態後旅行者們心中的亞洲人形象。自帝國航路之旅初始的一八六〇年代起，旅行者們便將歐洲統治下的亞洲人視為「野蠻」，爾後轉以「亡國之民」一詞稱之。旅行者們產生出差異感，覺得受英法統治的亞洲人與身為日本人的自己不同，並持續貫徹日本不可蹈上亞洲人覆轍的看法。

21　櫻田義人，一九七八，頁四、一三。

這樣的差異感，雖亦形成對拒絕淪為「亡國之民」抵抗歐洲勢力的阿拉比的關心，但基本來說是促成了朝統治側的歐洲方面靠攏的態度。盼望日本「成一東方大島之歐洲」的志向（頁九二），由於明治國家建設而逐步實現，日本在帝國航路上的存在感急速增強。結果，到了第四章中所討論十九世紀末到二十世紀初帝國主義的極盛期，旅行者們已能感受到日本趕上歐洲與之競爭的姿態。然而，在帝國航路上居領導地位的英法國力，與日本實際存在感之間的差距仍然相當大。不過在此時期日本實際成為殖民地所有國的背景下，亦出現在停靠港中尋求殖民地統治策略範本的旅行者。而到了歐洲列強與日本關係發生顯著變化的一戰後，不僅是與控制帝國航路的英國競爭，取而代之並從英國手中「解放」亞洲的觀點亦浮上檯面。同時在殖民統治政策方面，與基礎深厚的英國典範論並列，亦有旅行者主張日本的統治政策更加優越。在停靠港雖因日本勢力增強而出現排日運動，日本仍朝擴張之路大步邁進，直到發動中日戰爭、亞洲太平洋戰爭。

當然，並非所有在書中論及其紀錄的旅行者觀察皆是如此發展。其中亦有旅行者將帝國航路中的體驗聯繫到不同的意向性上，培養出對追趕且試圖取代英法的祖國日本的批判觀點。如在第三章提及的中江兆民、第四章的永井荷風及島崎藤村、第五章的羽仁五郎等人，書中亦注意到他們的觀點。然而，這些旅行者僅能算是例外。

帝國航路的體驗，僅為本書所提及旅行者們的人生中十分有限的部分。這個經驗在其各自的思想和世界觀塑造中有著什麼意義，則需再行個別討論，此為本書探索所未及。而帝國航路的體驗及包含此體驗在內的旅行經驗，對他們在旅行結束後的行動是否帶來具體影響，其中部分在本書中有零星提及，但並未就此點作出充分探討。而讀過這些旅行紀錄的讀者們如何理解其內容亦是相當值得深究的問題，但本書並未加以討論。

本書是在有限的範圍當中，試圖探討作為帝國世界要衝的停靠港中的見聞，對旅經該地日本人的意識造成什麼樣的影響。而在旅行目的地歐洲與日本之間的廣闊空間中發展變化的世界史動向，亦透過旅行者們的觀察，展現出其深入日本相互交織的樣貌。

參考書目

＊以下參考書目在編排上並未區分本書直接引用資料、文獻與旅行者遊記和研究文獻。
＊書目按作者姓名五十音順（英文按字母順序）排列，中文著作亦依作者姓名的日語讀音排列。
＊旅行者遊記出版資料末端〔　〕中為航行於帝國航路的年份（若航程跨越兩年則為出發年度），若文獻的作者或編者並非旅行者，或記載為帝國航路以外的旅程，其旅行者姓名和目的地亦在〔　〕中標示。
＊日文作者名和書名中的舊字體有改以新字體表示的情況。

赤松範一編、一九七七『赤松則良半生談――幕末オランダ留学の記録』（東洋文庫）平凡社。
浅野長勲、一八八四『海外日録』出版社不明〔一八八二〕。
飛鳥井雅道、一九九九『中江兆民』吉川弘文館。
阿部宗孝、一九三四『欧米旅日記』大日本図書〔一九三二〕。
池辺三山、二〇〇二a「西航記」『日本近代文学館資料叢書〔第一期〕文学者の日記二』博文館新社〔一八九二〕。

――、二〇〇二b「洋航途上消息」『日本近代文学館資料叢書〔第一期〕文学者の日記二』博文館新社〔一八九二〕。
池邉義象、一九〇一『仏国風俗問答』明治書院〔一九〇一〕。
石川三四郎、一九二二『放浪八年記』三徳社〔往路一九一三、復路一九二一〕。
石川周行、一九九一『世界一周画報』『明治欧米見聞録集成』第三〇巻、ゆまに書房〔原著、東京朝日新聞会社、一九〇八〕〔一九〇八〕。
石附実、一九九二『近代日本の海外留学史』中公文庫。
泉孝英、二〇〇五『日本・欧米間、戦時下の旅――第二次世界大戦下、日本人往来の記録』淡交社。
市川清流、一九九二『幕末欧州見聞録――尾蠅欧行漫録』楠家重敏編訳、新人物往来社〔原著、一八六三〕〔一八六二〕。
井出文子・柴田三千雄編、一九八四『箕作元八・滞欧「箙梅日記」』東京大学出版会〔箕作元八・一八九九〕。
伊藤範子、一九九一「〈資料〉或る戦死者の日記（続二）」『帝塚山論集』七四〔高井義昌・帝国航路の一部・一九四二〕。
――、一九九二「〈資料〉或る戦死者の日記（続四）」『帝塚山論集』七六。
井上馨侯伝記編纂会編、一九六八『世外井上公伝』第一巻（明治百年史叢書）原書房〔井上馨・一八六三〕。
入沢達吉、一八九〇「航海日記」『東京医事新誌』六四六号〔一八九〇〕。

岩松太郎、一九八七「航海日記」日本史籍協会編『遣外使節日記纂輯』第三、東京大学出版会（一八六四）。
岩崎育夫、二〇〇七『アジア二都物語――シンガポールと香港』中央公論新社。
岩田博蔵、一九二九『欧米駈足越中褌』私家版（一九二八）。
巌谷小波、一九〇三『小波洋行土産』上、博文館（一九〇〇）。
丑木幸男、一九九五『蚕の村の洋行日記――上州蚕種業者・明治初年の欧羅巴体験』平凡社。
臼杵陽、二〇一七「「アラブ革命」再考――「アラブの春」とオリエンタリズム的伝統」『歴史評論』八一〇号。
江口朴郎、一九八六『世界史の現段階と日本』岩波書店。
榎本泰子、二〇〇九『上海――多国籍都市の百年』中公新書。
遠藤周作、二〇〇〇a「有色人種と白色人種」『遠藤周作文学全集』第一二巻、新潮社（原載、『群像』一九五六年九月号）（一九五〇）。
――、二〇〇〇b「わが小説」『遠藤周作文学全集』第一二巻、新潮社（原載、『朝日新聞』一九六二年三月三〇日）（一九五〇）。
――、二〇〇〇c「原民喜」『遠藤周作文学全集』第一二巻、新潮社（原載、『新潮』一九六四年七月号）（一九五〇）。
――、二〇〇〇d「出世作のころ」『遠藤周作文学全集』第一二巻、新潮社（原載、『読売新聞』一九六八年二月五―一三日）（一九五〇）。

――、二〇〇〇e「作家の日記」『遠藤周作文学全集』第一五巻、新潮社（一九五〇）。
桜洲山人、一九六八『漫游記程』明治文化研究会編『明治文化全集7外国文化篇』日本評論社（原著、私家版（中井弘）、一八七八）（中井弘（桜洲）・一八七六）。
大崎清作、一九二七『欧米の実際を見て』博文館（一九二六）。
大杉栄、一九七一『自叙伝・日本脱出記』岩波文庫（原著、改造社・アルス、一九二三）（一九二三）。
大橋乙羽、一九〇〇『欧山米水』博文館（一九〇〇）。
大橋新太郎編、一九〇一『欧米小観』博文館（大橋乙羽・一九〇〇）。
岡義武、一九九七『岡義武ロンドン日記一九三六～一九三七』岩波書店（一九三六）。
小笠原長生、一九〇三『英皇戴冠式参列渡英日録』軍事教育会（一九〇二）。
岡田摂蔵、一九八七「航西小記」日本史籍協会編『遺外使節日記纂輯』第三、東京大学出版会（一八六五）。
岡本隆司・箱田恵子・青山治世、二〇一四『出使日記の時代――清末の中国と外交』名古屋大学出版会。
荻須高徳、一九五一『パリ画信』毎日新聞社（一九四八）。
小田桐誠、一九九一「たった一度の日英交換船」『宝石』一月号。
越智武臣、一九九六「ロレンスの文学思想――イングリッシュリーを求めて」『英国文化の世紀5世界の中の英国』研究社（一九五七）。
小野賢一郎、一九一九『世界のぞ記』正報社（一九一九）。
小野沢あかね、二〇一〇『近代日本社会と公娼制度――民衆史と国際関係史の視点から』吉川弘文館。

郭嵩燾、一九九八、『使西紀程』銭鍾書主編『中国近代学術名著叢書――郭嵩燾等使西記六種』三聯書店（原著、一八七七）（一八七六）。
片岡覚太郎、二〇〇一『日本海軍地中海遠征記――若き海軍主計中尉の見た第一次世界大戦』河出書房新社（一九一七）。
加藤完治、一九二九『滞欧所感』一笑会（一九二六）。
――、一九四二『訪欧所感一次』地人書館（一九三二）。
加藤久勝、一九一八『魔海横断記』大江書房（一九一七）。
仮名垣魯文、一九五八『西洋道中膝栗毛』上・下、岩波文庫（原著、萬笈閣、一八七〇―七六）。
上村伸一、一九六六『破滅への道――私の昭和史』鹿島研究所出版会（帝国航路の一部・一九四二）。
川路柳虹、一九五三『黒船記――開国史話』法政大学出版局（川路寛堂・一八六六）。
川村伸秀、二〇一三『坪井正五郎――日本で最初の人類学者』弘文堂（坪井正五郎・一八八九）。
北杜夫、一九七六『どくとるマンボウ航海記』『北杜夫全集』第一一巻、新潮社（原著、中央公論社、一九六〇）（一九五八）。
木畑洋一、二〇一二「「帝国の総力戦」としての第一次世界大戦」メトロポリタン史学会編『二〇世紀の戦争――その歴史的位相』有志舎。
――、二〇一四『二〇世紀の歴史』岩波新書。
久米邦武編、一九八二『特命全権大使米欧回覧実記』五、岩波文庫（原著、博聞社、一八七八）（久米邦武・一八七三）。

煙山専太郎、一九二八『再生の欧米を観る』実業之日本社（一九二二）。
元帥上原勇作伝記刊行会編、一九三七『元帥上原勇作伝』上、元帥上原勇作伝記刊行会（上原勇作・一八八一）。
小泉タエ編、一九九四『留学生小泉信三の手紙』文藝春秋（小泉信三・一九一二）。
小谷汪之、一九九一『歴史と人間について――藤村と近代日本』東京大学出版会。
小南又一郎、一九二三『大戦後の欧米見聞』似玉堂（一九二〇）。
小森陽一、二〇〇六『レイシズム』（思考のフロンティア）岩波書店。
コルバン、アラン、一九八八『においの歴史――嗅覚と社会的想像力』新評論。
斎藤茂吉、一九五二『つゆじも』『斎藤茂吉全集』第一巻、岩波書店（原著、岩波書店、一九四六）（一九二一）。
――、一九五三『遍歴』『斎藤茂吉全集』第二巻、岩波書店（原著、岩波書店、一九四八）（一九二四）。
酒井啓子、二〇一三「砂漠で待つバラと、片思いの行方」『みすず』七月号。
阪本喜久吉、一八九六『雲海紀行』東京堂（一八九六）。
相良徳三、一九三一『私の欧洲土産話』玉川学園出版部（一九二九）。
桜井鴎村、一九〇九『欧洲見物』丁未出版社（一九〇八）。
桜田義人、一九七八『海外遊記――船の旅・欧州の旅』私家版（一九六六）。
佐竹義文、一九二五『欧米を縦横に』宝文館（一九二二）。
佐和正、一八八四『航西日乗』上、私家版（一八七九）。

篠田治策、一九二八『欧洲御巡遊随行日記』大阪屋号書店（一九二七）。

柴田剛中、一八六二「日載」（神戸市文書館所蔵史料）（一八六二）。

渋沢栄一、一九三七『渋沢栄一自叙伝』渋沢翁頌徳会（一八六七）。

渋沢青淵記念財団竜門社編、一九五五『渋沢栄一伝記資料』第一巻、渋沢栄一伝記資料刊行会（一八六七）。

島崎藤村、一九六七a『海へ』『藤村全集』第八巻、筑摩書房（原著、実業之日本社、一九一八）（往路一九一三、復路一九一六）。

――、一九六七b『エトランゼエ』『藤村全集』第八巻、筑摩書房（原著、春陽堂、一九二二）（往路一九一三、復路一九一六）。

島村抱月、一九二〇a「海上日記」『抱月全集』第八巻、天佑社（一九〇二）。

――、一九二〇b「英国で見る日本」『抱月全集』第八巻、天佑社（一九〇二）。

釈宗演、一九〇七『欧米雲水記』金港堂（一九〇六）。

自由党史編纂局編、一九五八『自由党史』中巻、岩波文庫（原著、五車楼、一九一〇）（板垣退助・一八八二）。

（昭和天皇）、二〇一五『昭和天皇実録』第三、東京書籍（一九二一）。

白戸光久、一九二〇『艦上之一年』菊屋書店（一九一七）。

末延芳晴、二〇〇四『夏目金之助ロンドンに狂せり』青土社。

杉井六郎、一九七七『徳富蘇峰の研究』法政大学出版局（徳富蘇峰・一八九六）。

杉浦譲、一九七八「奉使日記」土屋喬雄編『杉浦譲全集』第一巻、杉浦譲全集刊行会（一八六四）。
杉山益一郎、一九二五『瑞西の秋――第三回国際労働総会参列余記』永昌社（一九二一）。
鈴木重道、一八八六「英国留学記事」『東京医事新誌』四四〇号（一八八六）。
高嶋泰二、一九九四『伯林日誌――第二次欧州大戦体験記録』求龍堂（一九三九）。
高杉晋作、一九一六「遊清五録」『東行先生遺文』民友社（上海渡航、一八六二）。
高田善治郎、一九八七『出洋日記』『明治欧米見聞録集成』第一八巻、ゆまに書房（原著、川勝鴻宝堂、一八九一）（一八八七）。
高橋暤、一九二〇『倫敦より東京へ』三友堂書店（一九一九）。
高山謹一、二〇一三『西航雑記』和田博文編『コレクション・モダン都市文化91欧州航路』ゆまに書房（原著、博文館、一九二〇）（一九〇八年頃～第一次世界大戦後）。
田口俊平、一九八四「田口俊平翁記」日蘭学会編『続幕末和蘭留学関係史料集成』雄松堂書店（一八六二）。
竹越与三郎、一九〇二『萍聚絮散記』開拓社（一九〇〇）。
竹沢泰子編、二〇〇九『人種の表象と社会的リアリティ』岩波書店。
建部遯吾、一九八九『西遊漫筆』『明治欧米見聞録集成』第二五巻、ゆまに書房（原著、哲学書院、一九〇二）（一八九八）。
田中彰・高田誠二編、一九九三『『米欧回覧実記』の学際的研究』北海道大学図書刊行会。
谷干城、一九一二「洋行日記」島内登志衛編『谷干城遺稿』上、靖献社（一八八六）。

玉井禮一郎編、一九八五『石原莞爾選集2ベルリンから妻へ（書簡と日記）』たまいらぼ（石原莞爾・一九二二）。
津田眞一郎、一九八二「はなの志をり」日蘭学会編『幕末和蘭留学関係史料集成』雄松堂書店（一八六二）。
都留重人、一九七六「引揚日記」『都留重人著作集』第一二巻、講談社（帝国航路の一部・一九四二）。
鶴見俊輔・加藤典洋・黒川創、二〇〇六『日米交換船』新潮社（鶴見俊輔・帝国航路の一部・一九四二）。
手代木有児、二〇一三『清末中国の西洋体験と文明観』汲古書院。
田健治郎、一八九八『鵬程日誌』私家版（一八九六）。
東海散士、二〇〇六『佳人之奇遇』『新日本古典文学大系明治編一七政治小説集二』岩波書店（原著、博文堂、巻一二、一八九七）（柴四朗・一八八六）。
冬夏社編集部、一九二一『少年少女の為めの東宮御外遊記』冬夏社。
徳富健次郎、一九〇六『順礼紀行』警醒社（一九〇六）。
徳富健次郎・徳富愛、一九二一『日本から日本へ――東の巻』金尾文淵堂（一九一九）。
徳富蘇峰、一九七四『大日本膨脹論』『明治文学全集34徳富蘇峰集』筑摩書房（原著、民友社、一八九四）。
鳥尾小弥太、一九八七『洋行日記』『明治欧米見聞録集成』第一五巻、ゆまに書房（原著、吉川半七、一八八八）（一八八六）。

中井桜洲、一九六八『西洋紀行航海新説』明治文化研究会編『明治文化全集7外国文化篇』日本評論社（原著、桜雲山房、一八七〇）〔中井弘（桜洲）・一八六六〕。
永井荷風、二〇〇三『ふらんす物語』新潮文庫（原著、博文館、一九〇九）〔一九〇八〕。
中江兆民、一九六五『三酔人経綸問答』岩波文庫（原著、集成社、一八八七）。
――、一九七四「論外交」『近代日本思想大系3中江兆民集』筑摩書房（原載、『自由新聞』一八八二年八月一七日）〔一八七四〕。
中野正剛、一九一七『世界政策と極東政策』至誠堂書店〔一九一五〕。
中野泰雄、一九八八『アジア主義者中野正剛』亜紀書房。
夏目漱石、一九九五「日記一」「断片4A」『漱石全集』第一九巻、岩波書店〔一九〇〇〕。――、一九九六「書簡上」『漱石全集』第二二巻、岩波書店〔一九〇〇〕。
成島柳北、二〇〇九「航西日乗」『新日本古典文学大系明治編五海外見聞集』岩波書店〔一八七二〕。
南洋及日本人社編、一九三八『南洋の五十年――シンガポールを中心に同胞活躍』章華社。
新島襄、一九八五「新島襄の生涯と手紙」新島襄全集編集委員会『新島襄全集』第一〇巻、同朋舎〔一八八四〕。
西原大輔、二〇一七『日本人のシンガポール体験――幕末明治から日本占領下・戦後まで』人文書院。
野上弥生子、一九四二『欧米の旅』上、岩波書店〔一九三八〕。
野津道貫、一九八七『欧米巡回日誌』『明治欧米見聞録集成』第四巻、ゆまに書房（原著、広島鎮台文庫、一八八六）〔一八八四〕。

野村才二、一八九一『アラビーパシャの談話』私家版（一八八七）。
芳賀檀編、一九三七『芳賀矢一文集』冨山房（芳賀矢一・一九〇〇）。
橋本文壽、一九二七『欧米行脚——赤い鳥』東京宝文館（一九二五）。
橋本順光・鈴木禎宏編、二〇一七『欧州航路の文化誌——寄港地を読み解く』青弓社。
長谷川如是閑、一九九六『倫敦！倫敦？』岩波文庫（原著、政教社、一九一二）（一九一〇）。
長谷場純孝、一九九一『欧米歴遊日誌』『明治欧米見聞録集成』第二八巻、ゆまに書房（原著、民友社、一九〇七）（一九〇六）。
鳩山一郎、一九三八『外遊日記——世界の顔』中央公論社（一九三七）。
羽仁五郎、二〇〇一『私の大学』『人間の記録138』日本図書センター（原著、講談社、一九六八）（一九二四）。
林董編、一九八七『有栖川二品親王欧米巡遊日記』『明治欧米見聞録集成』第二巻、ゆまに書房（原著、回春堂、一八八三）（一八八二）。
林安繁、一九二三『欧山米水』私家版（一九二二）。
平間洋一、一九九八『第一次世界大戦と日本海軍——外交と軍事との連接』慶應義塾大学出版会。
斌椿、一八七二『乗槎筆記』袋屋亀次郎（一八六六）。
深尾須磨子、二〇〇〇『旅情記』『女性のみた近代23』ゆまに書房（原著、実業之日本社、一九四〇）（一九三九）。
福沢諭吉、一九六九『掌中万国一覧』『福沢諭吉全集』第二巻、岩波書店（原著、私家版、一八六九）。

――、一九七〇a「朝鮮の交際を論ず」『福沢諭吉全集』第八巻、岩波書店（原載、『時事新報』一八八二年三月一一日）。
――、一九七〇b「東洋の政略果して如何せん」『福沢諭吉全集』第八巻、岩波書店（原載、『時事新報』一八八二年一二月七―一二日）。
――、一九七一「西航記」『福沢諭吉全集』第一九巻、岩波書店（原著、一八六二）（一八六二）。
福島安正、一九三五「亜欧日記」伊藤博文編『秘書類纂――兵政関係資料』秘書類纂刊行会（一八九五）。
福田喜三郎、一九三八『和蘭に使して』私家版（一九三七）。
福地源一郎、一八九七『懐往事談』民友社（一八六二）。
淵辺徳蔵、一九八七「欧行日記」日本史籍協会編『遣外使節日記纂輯』第三、東京大学出版会（原著、一八六二）（一八六二）。
古川正雄、一九六八『古川正雄の洋行漫筆』明治文化研究会編『明治文化全集7外国文化篇』日本評論社（原著、私家版、一八七四）（一八七三）。
ホイト、サリーナ・ヘイズ、一九九六『ペナン――都市の歴史』学芸出版社。
宝蔵寺久雄、一九三五『欧洲旅行記』干城堂（一九三三）。
本多市郎、一九三四『最近の世界を巡りて』平凡社（一九三二）。
前芝確三、一九四二『戦火を追うて――前芝確三・亜欧通信』教育図書（一九三九）。
前田正名、一九七九「前田正名自叙伝」『明治中期産業運動資料』第一九巻、第二集、日本経済評論社（原載、『社会及国家』二五二号、一九三七年）（一八六九）。

正木照蔵、一九〇一『漫遊雑録』私家版（一九〇〇）。
益頭駿次郎、一九八七「欧行記」日本史籍協会編『遣外使節日記纂輯』第三、東京大学出版会（一八六二）。
松沢弘陽、一九九三『近代日本の形成と西洋経験』岩波書店。
松田毅一、一九六二『じゃぱのろじい行脚』私家版（一九五九）。
松永昌三、一九七四「解説」『近代日本思想大系3中江兆民集』筑摩書房。
――、二〇〇一『福沢諭吉と中江兆民』中公新書。
松村淳蔵、一九九九「洋行談」大久保利謙監修『新修森有礼全集』第四巻、文泉堂書店（一八六五）。
松村松盛、一九二六『世界の旅』帝国地方行政学会（一九二五）。
松本亀太郎、一九三六『欧米素描』朝日乾電池（一九三六）。
水野広徳、一九二三『波のうねり』金尾文淵堂（一九一六）。
溝口白羊、一九二一『東宮御渡欧記――乾の巻』日本評論社出版部（昭和天皇・一九二一）。
水戸部寅松、二〇一三『欧州航路の珍見聞』和田博文編『コレクション・モダン都市文化91欧州航路』ゆまに書房（原著、三元堂書店、一九三〇）（一九二七）。
宮永孝、一九九〇『幕末オランダ留学生の研究』日本経済評論社。
ミヨシ・マサオ、一九八四『我ら見しままに――万延元年遣米使節の旅路』平凡社。
武者小路実篤、一九八九a『湖畔の画商』『武者小路実篤全集』第一二巻、小学館（原著、甲鳥書林、一九四〇）（一九三六）。

――、一九八九b『欧米旅行日記』『武者小路実篤全集』第一二巻、小学館（原著、河出書房、一九四一）（一九三六）。
――、一九九〇『大東亜戦争私感』『武者小路実篤全集』第一五巻、小学館（原著、河出書房、一九四二）。
森鷗外、一九七五「航西日記」『鷗外全集』第三五巻、岩波書店（一八八四）。
森崎和江、一九七六『からゆきさん』朝日新聞社。
森田福市、一九三一『海外旅行日誌』私家版（一九三〇）。
守屋栄夫、一九二五『欧米の旅より』蘆田書店（一九二三）。
師岡國編、一九八七『板垣君欧米漫遊日記』『明治欧米見聞録集成』第二巻、ゆまに書房（原著、松井忠兵衛、一八八三）（一八八二）。
安井誠一郎、一九八六『第一次大戦後のドイツ――安井誠一郎ドイツ留学日記より』私家版（一九二二）。
安川寿之輔、二〇〇〇『福沢諭吉のアジア認識――日本近代史像をとらえ返す』高文研。
矢内原忠雄、一九六五「日記」『矢内原忠雄全集』第二八巻、岩波書店（一九二〇）。
山口青邨、一九八二『伯林留学日記』上、求龍堂（一九三七）。
山下雄太郎、一九八七『海外見聞録』『明治欧米見聞録集成』第二巻、ゆまに書房（原著、私家版、一八八六）（一八八〇）。
山田毅一、一九二〇『戦後の欧米漫遊記』放天義塾（一九一九）。

湯沢徳治、一九三〇『余が観たる最近の欧米』民友社（一九二九）。
横井勝彦、二〇〇四『アジアの海の大英帝国――一九世紀海洋支配の構図』講談社学術文庫（原著、同文舘、一九八八）。
横光利一、二〇〇六『欧洲紀行』講談社文芸文庫（原著、創元社、一九三七）（一九三六）。
与謝野寛・与謝野晶子、二〇〇三『巴里より』『鉄幹晶子全集』第一〇巻、勉誠出版（原著、金尾文淵堂、一九一四）（与謝野晶子・一九一二）。
吉江喬松、一九四七『仏蘭西印象記』白水社（一九一六）。
吉田豊彦、一九九四「乃木大将渡欧日誌」『乃木希典全集』下、国書刊行会（一九一一）。
依光方成、一九八七『三圓五十銭世界周遊実記』『明治欧米見聞録集成』第一八巻、ゆまに書房（原著、博文館、一八九一）（帝国航路の一部・一八八五）。
脇村義太郎、一九七六「外国留学の話」『脇村義太郎著作集』第四巻、日本経営史研究所。
和田博文、二〇一六『海の上の世界地図――欧州航路紀行史』岩波書店。
和辻哲郎、一九二九「支那人の特性」『思想』八六号（一九二七）。
――、一九六二『風土』『和辻哲郎全集』第八巻、岩波書店（原著、岩波書店、一九三五）（一九二七）。
――、一九九二『故国の妻へ』『和辻哲郎全集』第二五巻、岩波書店（原著、角川書店、一九六五）（一九二七）。
ワレン、ジェームズ・フランシス、二〇一五『阿姑とからゆきさん――シンガポールの買売春社会一八七〇―一九四〇年』法政大学出版局。

Bayly, Christopher and Tim Harper, 2007, *Forgotten Wars: Freedom and Revolution in Southeast Asia*, Cambridge, Mass.: Harvard University Press.

Carroll, John M., 2007, *A Concise History of Hong Kong*, Lanham: Rowman & Littlefield.

Cobbing, Andrew, 1998, *The Japanese Discovery of Victorian Britain: Early Travel Encounters in the Far West*, London: Routledge.

Gavin, R. J., 1975, *Aden under British Rule 1839-1967*, London: C. Hurst.

Haddad, Emily A., 2005, "Digging to India: Modernity, Imperialism, and the Suez Canal", *Victorian Studies*, 473.

Macdonald, John, 1863, "From Yeddo to London with the Japanese Ambassadors", *Cornhill Magazine*, May.

Peebles, Patrick, 2006, *The History of Sri Lanka*, Westport: Greenwood Press.

Tsang, Steve, 2004, *A Modern History of Hong Kong*, Hong Kong: Hong Kong University Press.

Turnbull, C. M., 2009, *A History of Modern Singapore, 1819-2005*, Singapore: NUS Press.

後記

長久以來筆者便關注著本書探討的主題。雖然到了現在，已很難明確說出是自何時開始產生興趣，但一九九六年為大英帝國歷史專門雜誌 *The Journal of Imperial and Commonwealth History*（Vol. 24, No. 3）撰寫關於倫敦大學威廉・比利斯（William Gerald Beasley, 1919-2006）教授有關幕末到明治初期對外使節團的著作 *Japan Encounters the Barbarian: Japanese Travellers in America and Europe*（New Haven: Yale University Press, 1995）書評時，筆者在文章最後如下寫道：

> 本誌讀者們應該會對在往返歐洲途中，經過數個關鍵殖民地港口的日本旅行者們對西歐的殖民主義有何看法感到興趣。遺憾的是，亦寫下《日本帝國主義：1894-1945》（*Japanese Imperialism, 1894-1945*）的作者對此僅稍稍提及。然而，作者在書中各處提

及旅行者們關於優秀歐美人及形成對照的「怠惰」亞洲人的紀錄，展現出的論點則值得注意。貪婪吸收西洋知識的日本菁英，同時以未來的殖民地統治者身分開始模仿西洋態度，逐漸開啟日本作為亞洲殖民地統治國家的興起道路。

雖然筆者的興趣在此後始終未減，但因忙於其他問題研究，遲遲無法著手進行。二〇一四年時狀況產生了變化。以一九八〇年代與筆者共同製作「全新世界史」系列的著名編輯渡邊勳氏為中心，「史家工作室21C」研究會成立，成員將根據「世界史中的日本，日本中的世界史」的問題意識撰寫單本著作。由於與此主旨相符，筆者下定決心正式著手這醞釀已久的主題。

至今為止，筆者以大英帝國史．帝國主義史為中心，進行近現代國際關係研究，期間始終注意日本與英國的比較以及兩國之間的關係。十九世紀末以來，日本在亞洲轉變為殖民帝國之際，大英帝國具有何等意義的問題、日本挑戰英國掀起戰爭的過程，以及二戰後面臨去殖民化運動時期的日英關係等，筆者寫過許多和前述主題相關的文章。本書基本上仍是延續筆者的研究走向，但在面對研究對象的研究途徑上則與筆者過去的研究完全不同。又，書中雖必然會提及大英帝國方面的變化，但將重心放在討論日本方面的問題上，對筆者而言也是全新嘗試。正因如此，更擔心是否會有意想不到的錯誤，盼讀者們能不吝指正。

本書準備過程中最艱辛之處在於資料收集。筆者利用各種方式搜羅含有與本書討論主題相關內容的紀錄，然仍比預期要來得困難。過程中正逢序章亦曾提過的和田博文氏《海上世界地圖——歐洲航路紀行史》出版，書中提到許多我不曾注意到的資料，對撰寫本書帶來無比的幫助，特別在此表示對和田氏的感謝。另外，也要在此強調國立國會圖書館的電子館藏帶給本書不可多得的幫助。而第二章提到柴田剛中〈日載〉，在閱覽此文及使用君塚進氏解說文上，獲得神戶市文書館石橋正好氏的協助，在此致謝。

如同前述，若無「史家工作室21C」的存在，本書不可能得以執筆。研究會中充滿刺激的議論，以及讀過原稿後給予筆者的意見等等，不管對工作室成員們致上多少謝意都不夠。能有岩波書店的吉田浩一、入江仰兩位為本書費心編輯，是筆者的幸運。

本研究獲得二〇一五以及二〇一六年度成城大學特別研究補助金的協助。

二〇一八年十一月十日

木畑洋一

國家圖書館出版品預行編目資料

帝國航路：從幕末到帝國，日本走向世界的開化之路／木畑洋一著；廖敏淑審訂. 蔡傳宜譯. -- 初版. -- 臺北市：麥田出版：家庭傳媒城邦分公司發行, 2020.12
面； 公分
譯自：帝国航路を往く：イギリス植民地と近代日本
ISBN 978-986-344-840-2（平裝）
1.日本史 2.現代史 3.航運史 4.殖民政策
731.27 109015827

EMPIRE ROUTE WO YUKU IGIRISUSYOKUMINCHI TO KINDAINIHON
by Yoichi Kibata

Originally published in 2018 by Iwanami Shoten, Publishers, Tokyo.
This complex Chinese edition published 2020 by Rye Field Publications, a division of Cité Publishing Ltd., through AMANN CO., LTD., Taipei.

歷史選書 80

帝國航路

從幕末到帝國，日本走向世界的開化之路

帝国航路（エンパイアルート）を往く——イギリス植民地と近代日本

作　　者／木畑洋一
審　　訂／廖敏淑
翻　　譯／蔡傳宜
校　　對／吳美滿
主　　編／林怡君

國 際 版 權／吳玲緯
行　　　銷／巫維珍　蘇莞婷　何維民　吳宇軒
業　　　務／李再星　陳玫潾　陳美燕　葉晉源
編 輯 總 監／劉麗真
總　經　理／陳逸瑛
發　行　人／涂玉雲
出　　　版／麥田出版
10483臺北市民生東路二段141號5樓
電話：(886)2-2500-7696　傳真：(886)2-2500-1967
發　　　行／英屬蓋曼群島商家庭傳媒股份有限公司城邦分公司
10483臺北市民生東路二段141號11樓
客服服務專線：(886) 2-2500-7718、2500-7719
24小時傳真服務：(886) 2-2500-1990、2500-1991
服務時間：週一至週五09:30-12:00・13:30-17:00
郵撥帳號：19863813　戶名：書虫股份有限公司
讀者服務信箱E-mail：service@readingclub.com.tw
麥 田 網 址／https://www.facebook.com/RyeField.Cite/
香港發行所／城邦（香港）出版集團有限公司
香港灣仔駱克道193號東超商業中心1/F
電話：(852)2508-6231　傳真：(852)2578-9337
馬新發行所／城邦（馬新）出版集團Cite (M) Sdn Bhd.
41-3, Jalan Radin Anum, Bandar Baru Sri Petaling, 57000 Kuala Lumpur, Malaysia.
電話：(603)9056-3833　傳真：(603)9057-6622
讀者服務信箱：services@cite.my

封 面 設 計／廖勁智
印　　　刷／前進彩藝有限公司

■2020年12月1日　初版一刷　　Printed in Taiwan.

定價：360元

ISBN 978-986-344-840-2

封面圖片「1886年大英帝國全球地圖」：Map reproduction courtesy of the Norman B. Leventhal Map & Education Center at the Boston Public Library